SEHEN

Ganzheitliches Augentraining

Sehkraft erhalten, Wahrnehmungsfähigkeit verbessern.

Das GU Übungsbuch.

Dr. med. Wolfgang Schultz-Zehden

Mitarbeit Ingrid Zimmermann

GU Gräfe und Unzer

Dr. med. Wolfgang Schultz-Zehden
begann als Assistenzarzt an der Charité Berlin. Als Oberarzt baute er 1948 die Augenklinik der freien Universität auf. Seit 1951 eigene Praxis in Berlin-Kreuzberg. Von 1964 an psychotherapeutische und psychoanalytische Weiterbildung. Seit Jahren Leiter der Arbeitsgruppe »Psychosomatik in der augenärztlichen Praxis«. Als Psycho-Ophthalmologe Lehrbeauftragter an der Akademie für ärztliche Fortbildung, Ärztekammer Berlin, und bei den »Lindauer Psychotherapie-Wochen« in den therapeutischen Gruppenseminaren »Ganzheitliches Sehen durch Selbsterfahrung«.

CIP-Titelaufnahme der Deutschen Bibliothek

Schultz-Zehden, Wolfgang:

Sehen – ganzheitliches Augentraining: Sehkraft erhalten, Wahrnehmungsfähigkeit verbessern; das GU Übungsbuch / Wolfgang Schultz-Zehden. – 1. Aufl. – München: Gräfe und Unzer, 1989
(Ganzheitlich leben)
ISBN 3-7742-5073-1

1. Auflage 1989

Redaktion:
Doris Schimmelpfennig-Funke
Typografie: Robert Gigler
Herstellung (DTP):
Felicitas Holdau
Fotos: Christoph Schneider; Ernst Neukamp (Seite 78/79, Umschlagseite 3)
Umschlaggestaltung: Heinz Kraxenberger, Ludwig Kaiser
Reproduktionen:
Oestreicher & Wagner
Druck: Eberl GmbH
Bindung: Kösel, Kempten
ISBN 3-7742-5073-1

Wichtiger Hinweis
In diesem Buch sind leibseelische Zusammenhänge zwischen Sehen und Wahrnehmen aufgezeigt sowie der Weg, durch ganzheitliches Augentraining die Sehkraft zu erhalten und die Wahrnehmungsfähigkeit zu verbessern. Ob Ihnen dies helfen kann bei der Lösung eines Augenproblems, können nur Sie selbst in eigener Verantwortung entscheiden. Dieses Buch kann weder eine notwendige augenärztliche Untersuchung noch eine möglicherweise notwendige Sehhilfe ersetzen!

Inhalt

Ein Wort zuvor

»Ich sehe was, was Du nicht siehst« heißt ein Kinderspiel, mit dem sich der Nachwuchs auch heute noch wunderbar beschäftigen läßt. Aufs Korn genommen wird ein Gegenstand, den alle Teilnehmer im Blickfeld haben. Triumphierend wird seine Farbe ausgerufen: »Ich sehe was, was Du nicht siehst, und das ist grün«. Alle reißen die Augen weit auf und schauen angestrengt um sich. Was kann denn nun gemeint sein? Ein bestimmtes Blatt der Pflanze auf dem Fensterbrett? Eine glasierte Vase im Regal? Der Wiesenbuckel vor dem Fenster? Gemeint war schließlich ein grünes Muster auf einem Buchrücken. »Das gilt nicht«, sagen die, deren Bick zu großzügigen Formen in die Ferne geschweift ist, und die anderen, die ganz nah vor ihrer Nase Ausschau gehalten hatten, sind enttäuscht.

Sehen ist ein Kinderspiel. Jeder kann es. »Ich habe doch Augen im Kopf«, sagt man. Gut, man ist etwas kurzsichtig oder weitsichtig oder hat eine kleine Fehlstellung des einen Auges. Dagegen verschreibt der Augenarzt eine Brille. Das ist gelegentlich ein lästiges Instrument. Immer wieder verlegt man es und hat es nicht zur Hand, wenn man es braucht, es beschlägt in der Wärme oder in der Kälte, und es steht auch nicht allen Menschen zum Gesicht. Aber wer eitel ist, kann Kontaktlinsen tragen. Auf jeden Fall gibt es hervorragende »Sehhilfen«, die mangelhafte Leistungen unserer Augen ausgleichen.

Die Tatsache bleibt also bestehen: Sehen ist ein Kinderspiel. Es ist schlicht »selbst-verständlich«, eine Fähigkeit des Menschen, die kaum jemals bewußt in Frage gestellt wird. Unsere Augen sehen, unser Gehirn registriert. Mehr als das, was wir sehen, oder weniger als das, was wir sehen, *ist* nicht zu sehen. Tatsächlich?

Sehen – mit den Augen und der Seele?

Mein Buch ist kein bequemes Buch. Es setzt ein Mitdenkenwollen voraus, ein Nachdenken über diese uns vielleicht nicht bewußte und von uns nicht in Frage gestellte Selbst-Verständlichkeit, wir könnten alles sehen, was in dieser Welt zu sehen ist. Seit Jahrzehnten erlebe ich in meiner Praxis: Was die Seele nicht sehen will oder nicht sehen kann, das wahrzunehmen erlaubt sie auch den Augen nicht. Wenn aber solcherart seelische Blockaden, vom Gehirn übermittelt, lange genug gewirkt haben, werden die Augen fehlsichtig oder krank.

Leibseelische Zusammenhänge

Während wir heute über »typische psychogene Krankheiten« (*psycho-gen*: von der Seele erzeugt) wie etwa Asthma, Rheuma oder Zwölffingerdarmgeschwür, gut Bescheid zu wissen glauben, mag der Mensch nicht gerne annehmen, daß er auch für das Funktionieren seiner Augen letztlich die Verantwortung trägt. Die Konsequenzen dieser Gedankengänge, das wird Ihnen, liebe Leserin und lieber Leser, bald klar werden, sind von »ungeahnter« Tragweite.

Indem Sie sich der Herausforderung Ihres Organs Auge, Ihres »Fensters zur Welt«, stellen, stellen Sie sich den bisher vielleicht noch nicht so recht ausgeloteten Tiefen Ihrer Seele. Steigen Sie ein in das »Abenteuer«, zu dem wir Sie mit diesem Buch verlocken wollen.

Aber gönnen Sie sich bitte Ihren individuellen Leserhythmus. Lesen Sie das Buch zunächst wie einen spannenden Roman und tasten sich erst bei der zweiten oder dritten Lektüre an den Gedanken heran, daß Sie selbst die Person sind, um die es geht. Überlassen Sie es der Zeit, Ihnen ein heilsamer Wegbegleiter zu sein.

Bei Augenbeschwerden zum Arzt

Den Gang zum Arzt, wenn Seh- oder Augenbeschwerden auftreten, kann und soll dieses Buch nicht ersetzen. Doch wird versucht werden, nachvollziehbar zu zeigen, wie jeder, der Probleme mit seinen Augen hat, selbst deren Leistungsfähigkeit verbessern kann, indem er sie von angelerntem Fehlverhalten erlöst. Mein wichtigstes Anliegen dabei ist, Ihnen, dem Leser, die Motivation für die Arbeit an sich selbst zu vermitteln. Diese Motivation sollte aus dem Gefühl für Eigenverantwortlichkeit erwachsen.

Bei der Auswahl der Übungen, die bewußt in sehr verschiedene Therapiebereiche einführen, spielt vorrangig eine Rolle, daß die immer vorhandenen leib-seelischen Wechselwirkungen erfahrbar werden. Keine Körper- oder Entspannungsübung, die nicht in seelischen Reaktionen ihre Entsprechung fände, und keine innere Klärung, die nicht auch die Augen heller und klarer werden ließe. Den ganzheitlichen Ansatz zu suchen und der buntgemischten Palette dessen, was unser Leben ausmacht, ins Auge zu sehen, ist ein lohnendes Stück Arbeit. Dies Brevier kann Ihnen dabei eine Hilfe sein.

Die Kunst des Sehens

»Ich bin von den berühmtesten Kapazitäten des Fachs behandelt worden, ohne daß eine einzige auch nur mit einer Silbe von einem geistigen Aspekt des Sehens gesprochen oder erwähnt hätte, daß man Auge und Gehirn auch falsch gebrauchen kann.« Das schrieb Aldous Huxley, in Eton erzogener Brite, nachmals Bürger Kaliforniens und der Welt, Lyriker, Philosoph, früher Wegbereiter der Suche nach Bewußtseinserweiterung und vor allem Autor des weltberühmt gewordenen satirisch-utopischen Romans »Schöne neue Welt«. Huxley schrieb den zitierten Satz im Vorwort seines 1943 erschienenen Buches »Die Kunst des Sehens«. Als Folge von Hornhautverkrümmungen und -trübungen war er als junger Mann zeitweilig fast gänzlich erblindet gewesen. Mit einer Spezialbrille kam er später einigermaßen zurecht, aber erst mit Hilfe der »Sehschule« von Dr. William H. Bates gelang es ihm, sein Augenlicht in sehr ordentlicher Weise zurückzugewinnen. Zu der Zeit, als Huxley sein Buch schrieb, war er 47 Jahre alt. In Kalifornien, seiner Wahlheimat, hatte sich seit Beginn der dreißiger Jahre die geistige Elite des alten Europa zusammengefunden und wirkte auf den unterschiedlichsten Ebenen. In Europa selbst ging es 1943, zwei Jahre vor dem Ende des zweiten Weltkriegs, um Tod oder das nackte Überleben. Erfolgreiche Sehschulen hatte es zwar in dem auf Leibesertüchtigung erpichten Hitlerdeutschland gegeben, aber einer Psychologie, die auf individuelle Entwicklung und Bewußtseinserweiterung zielte, konnte in einem totalitären Staat keine Chance eingeräumt werden.

Huxley spricht von der »Kunst des Sehens«, weil richtiges Sehen mit großer Hingabe des Menschen in seiner Ganzheit erlernt sein will, wie die Kunst des Malens, des Komponierens, des Häuserbauens oder der charismatischen Rede. Wie in der Kunst kann auch beim Sehen niemals etwas erzwungen werden. Das zur Leistung treibende bewußte Ich schafft nichts anderes, als daß die Augen zu starren beginnen. Sie müssen zuviel auf einmal aufnehmen und ermüden damit nur das Gehirn, was dann seinerseits wiederum die aufgenommene Bildschärfe verschlechtert. So komme es, sagt Huxley, zu einem sich selbst negativ verstärkenden Kreislauf. Er schrieb seine »Kunst des Sehens«, um unter Fehlsichtigkeit leidende Menschen dazu

Beim Sehen nichts erzwingen

»Entspanntes« Sehen

anzuregen, ihrerseits einen positiv verstärkenden Kreislauf in Gang zu bringen: Entspannte Augen in einem entspannten Körper gleiten tänzerisch über das Gesichtsfeld, sei es eine Landschaft, das Antlitz des Partners in einem Gespräch oder eine Buchseite. Tänzerisch verknüpft das Gehirn die eingehenden Informationen mit gespeicherten Daten. So vertieft sich das Gesehene, gewinnt an Umrißschärfe und Intensität der Farben, der sichtbaren wie der emotionellen. Der Sehende wird Mitschöpfer seiner Welt. Im »Zustand wacher Passivität und dynamischer Entspannung«, wie Huxley sagt, spielen sich Gehirn und Augen gegenseitig den »Ball« des Wahrnehmens, Auswählens und Erkennens zu. Der Schriftsteller wunderte sich, daß ausgerechnet ein für den Menschen so existentiell wichtiges Organ wie die Augen von der Schulmedizin als isoliert betrachtet wurde. Warum wurden Brillen verpaßt, die doch dem täglich und stündlich wechselnden Zustand der Augen niemals gerecht würden, geschweige denn für Heilung sorgen könnten? Die starre Festlegung ihres Korrekturfaktors mache doch jegliches lebendige Reagieren unmöglich. Allein die schlechte Körperhaltung der meisten Kurzsichtigen sei im übrigen Anzeichen genug, daß es weitgehende Zusammenhänge zwischen Körper, sprich Auge, und Seele geben müsse.

Atem und Augen, innig verbunden

Über die Kurzsichtigkeit

Bleiben wir bei diesem Gedanken. Der kurzsichtig gewordene Mensch neigt dazu, sich vornüber gebeugt zu bewegen, der Kopf hängt, die Wirbelsäule ist stärker gebogen als ihr guttut. Da der Kurzsichtige weiß, daß er nicht viel sehen kann (⟶ Foto Seite 11), aber viel sehen sollte, sprich, ständig Angst hat, nicht genug zu sehen, zieht er die Augenbrauen und die Oberlider hoch und versucht, seine Augen zu gewollt intensivem Hinstarren zu bringen. Das strengt sehr an, ermüdet also rasch. Kopf und obere Wirbelsäule sinken noch mehr nach vorne. Vor allem aber wird der Atem beengt und flach. Mit Stöhnen wird dann gelegentlich tief Luft geholt. Das erweckt den Eindruck, daß diesen Menschen etwas bedrückt – was ihm aber nicht bewußt sein muß. Der Kurzsichtige ist, so haben Tests erwiesen, weniger leicht störbar, er zeigt seine Gefühle auch seltener als der eher extrovertiert und emotional reagierende Weitsichtige.

Nach innen oder nach außen gewandt leben

Interessant ist in diesem Zusammenhang, daß die Japaner, denen nur engster individueller Raum zugestanden ist, die mit Abstand höchste Zahl an Kurzsichtigen haben, während in den lateinamerikanischen Ländern mit ihrer Lautheit und nach außen gekehrten Lebensfreude nur einige wenige Prozent der Bevölkerung kurzsichtig sind.

Der Atem, unser Lebensodem, unsere engste Verbindung mit der Umwelt, hängt eng mit der Arbeit der Augen zusammen. »Bei diesem Anblick stockte ihm der Atem«, diesen Satz finden wir sicher in jeder irgendwie dramatischen Geschichte.

Sind Sie, lieber Leser, der mit Kurzsichtigkeit zu kämpfen hat, bereit, eine kleine Probe aufs Exempel zu machen? Bitte schließen Sie nach der Lektüre dieses Absatzes die Augen, setzen sich bequem auf Ihrem Stuhl oder Sessel zurecht und versuchen, Ihren Atem ruhig, langsam und ungezwungen gehen zu lassen, während Sie fühlen, daß in Ihrem Leib, zwei Fingerbreit unter dem Nabel, ein Zentrum der Wärme ist.

Lesen Sie erst weiter, wenn der Atem gleichmäßig geworden ist und Sie ein Gefühl des Entspanntseins erfüllt. Bleiben Sie bitte ganz gelassen, während Sie, schon gelöst und bereit, unsere Vorgabe für eine kleine »Imagination« (vom lateinischen *imago*: das Bild, die Maske, die Vorstellung) zur Kenntnis nehmen.

Eine Übung für Kurzsichtige

Ruhig und entspannt üben

Denken Sie sich in eine weite, hügelige Landschaft mit fernem Horizont. Sie fahren mit dem Rad auf einer Straße, deren Verlauf Sie sehr weit übersehen können. In tiefer Ruhe ziehen Sie Ihres Weges. Da taucht an dem Punkt, wo die Straße am Horizont verschwindet, ein Auto auf. Es kommt Ihnen entgegen, erst langsam, dann rascher, schließlich sehr schnell. Der Kühler steuert auf Sie zu und erfaßt Sie – beinahe. Was geschieht mit Ihnen? Dankbar registrieren Sie, daß Sie unversehrt sind. Schauen Sie sich um – noch immer in Ihrer Vorstellung –, und nehmen Sie mit allen Fasern die Ruhe der imaginären Landschaft in sich auf. Oder haben Sie längst die Augen auf-

Der Kurzsichtige sieht Kanne und Tasse scharf, während die Blüte im Hintergrund schemenhaft bleibt (links).

Der Weitsichtige sieht die Blüte scharf, während Kanne und Tasse im Vordergrund schemenhaft bleiben (rechts).

gerissen und atmen schnell und heftig? Dann lehnen Sie sich bequem zurück, vergewissern Sie sich, wo Sie sind, blinzeln Sie schnell mehrere Male hintereinander und lassen Ihren Atem sich wieder beruhigen. Ihre Augen wandern weich nach oben und unten, nach rechts und links. Setzen Sie das Bild Ihrer engsten Umgebung langsam aus lauter einzelnen Blicken zusammen, und schieben Sie dabei die Grenze immer weiter von sich weg. Blinzeln Sie häufig ohne Druck auf die Lider. Sobald sich ein Gefühl von Anstrengung im Augenbereich einstellt, holen Sie Ihren Blick etwas näher an sich heran.

Nicht zu lange üben

Das Ganze muß nicht lange dauern, denn so eine Reise in sich selbst ist sehr anstrengend, wenn man nicht daran gewöhnt ist. Wenn alles gut gegangen ist, haben Sie sich für eine Weile »im Zustand wacher Passivität und dynamischer Entspannung« aufgehalten. Der »Schock« hat Sie sensibel und aufmerksam gemacht.

Mit fernem Blick über Probleme hinwegsehen

Über die Weitsichtigkeit

Weit- und Übersichtige (→ Foto Seite 11) werden von ihren Augen gezwungen, den Kopf sehr hoch zu tragen, wenn sie nicht ständig mit nach oben gedrehten Augäpfeln herumlaufen wollen. Oft haben sie einen weichen Kern, den sie schützen, indem sie Belastendes in nächster Nähe »übersehen«, darüber hinwegsehen. So schieben sie das Kinn nach vorne und drücken damit ihren Willen aus, sich »dennoch« zu behaupten. Die Rundung der Halswirbelsäule wird überdehnt und so deren Statik gestört. Die Nackenmuskeln müssen angestrengt mithelfen, den Kopf zu tragen. Um auszugleichen, fassen die Muskeln im Lendenbereich massiver zu. Es bilden sich Verhärtungen sowohl im Nacken wie im Becken.
Man ist »ein starker Mensch«, hält »den Nacken steif« und sagt: »Mich? Mich wirft so leicht nichts um«. Eine kleine Übung mag zur Demonstration dienen.

Eine Übung für Weitsichtige

Setzen Sie sich im Schneidersitz auf den Boden oder auf einen Stuhl, aber so, daß Ihre Oberschenkel gerade verlaufen und Ihre Füße mit der ganzen Sohle auf dem Boden stehen. Achten Sie auf Ihren Atem – entweder indem Sie seinen Hauch an der Nasenspitze entlang registrieren oder indem Sie der Bewegung der Bauchdecke folgen. Sie können sich innen im Leib »einnisten« oder von außen zusehen, je nachdem, wie es Ihnen angenehmer ist. Wenn sich ein Gefühl der Entspannung und des Abfallens einer Last einstellt, ist es soweit, daß Sie auf sich selbst konzentriert sind.

Achten Sie auf Ihren Atem

Sie denken sich, daß Sie ganz oben auf dem Kopf, in der Verlängerung der Wirbelsäule, einen Haarschopf nehmen und sanft nach oben ziehen. Die Wirbelsäule strafft sich, das Kinn bewegt sich nach unten. Der bei Weitsichtigen häufig wie bei einem ständig in Eile lebenden Menschen etwas nach vorne gezogene Kopf – sie sind ja in Eile, um endlich »dorthin«, in die Ferne zu kommen – kann nun seine richtige, seine natürliche Lage einnehmen. Tun Sie nichts anderes, als im Geiste hineinzuspazieren in Ihren Körper.

Zeit lassen fürs Spüren

Als »Einstieg« für diese Arbeit in Ihrer Vorstellung mag der kleine Fleck auf dem Schulterblatt dienen, der den unverwundbaren Siegfried dennoch verwundbar machte. Sie werden sich erinnern: Ein kleines Blatt hatte sich dort auf seine Haut gelegt. Entdecken Sie im Geiste diese Stelle auf Ihrem Schulterblatt, und bewegen Sie sich von dort in Richtung auf Ihre Wirbelsäule, deren nun geradegerichtete Wirbel Sie inspizieren. Bleiben Sie so für zehn oder zwanzig Atemzüge. Spüren Sie, wie Ihr Atem freier geht. Vielleicht bemerken Sie sogar, daß es eine Anspannung im Augenbereich gegeben hat, die nun gewichen ist.
Diese kleine Übung können Sie stets überall einschieben, am Arbeitsplatz genauso wie am Steuer Ihres Autos.

Zwei Bilder von der Welt zur Deckung bringen

Über das Schielen

Das Schielen (Strabismus, ⟶ Foto, Seite 15) ist die für die Mitmenschen auffälligste Augenfehlstellung. Bei diesem Phänomen sind es zwei Bilder von der Welt, die von den Augen aufgenommen werden. Will der Betroffene klar sehen, muß er versuchen, diese beiden Bilder zur Deckung zu bringen. Überdies schämt er sich oft der so deutlich für jedermann sichtbaren Fehlstellung seiner Augen. Nicht nur mit seinem körperlichen Handicap muß er fertigwerden, sondern auch mit seinen Gefühlen von Scham oder gar Minderwertigkeit.
Es ist etwas schwierig, diese Augenfehlstellung ganzheitlich zu beurteilen, zumal Untersuchungsergebnisse darüber in ausreichendem Umfang noch nicht vorliegen. Als psychosomatisch arbeitender Augenarzt habe ich auf Befragen überdurchschnittlich oft erfahren, daß schielende Menschen in ihrer Kindheit Vater und Mutter als unterschiedlich starke Persönlichkeiten erlebt haben. Einem solchen Kind wird es zwangsläufig schwerfallen, sich auf *ein* verläßliches Elternbild einzustellen. Um die Harmonie, die es zu seiner inneren Sicherheit braucht, aufrechtzuerhalten, versucht es zunächst, die unterschiedlichen Bilder, die es von Vater und Mutter »vor Augen« hat, zur Deckung zu bringen. Dieser Versuch muß mißlingen, also

wird eines der beiden Bilder weitgehend aus der Wahrnehmung ausgeschlossen; das Kind konzentriert sich jetzt ausschließlich entweder auf das Vater- oder auf das Mutterbild. Das dem einen Elternteil zugewandte »aktive« Auge erhält die Vorherrschaft; entweder das rechte, das der linken Hirnhälfte mit ihrer männlich-analytischen Betonung zugehört, oder das linke Auge, das die Elemente der rechten Hirnhälfte (weiblich, ganzheitlich) vertritt (→ auch Seite 24).

Das »aktive« und das schielende Auge

Das nicht benötigte andere Auge macht alle Bewegungen des führenden Auges mit und unterdrückt eigene Bilder, um Doppelbilder zu vermeiden. Durch diesen Vorgang wird das immer weniger benutzte Auge ständig schwächer. Es entsteht die Schwachsichtigkeit des Schielauges.
Das schielende Auge muß sich also aus seiner Passivität befreien, damit ein »Dialog« zwischen beiden Augen wieder in Gang kommen kann.

Eine Übung für Schielende

Sie sollten allein in Ihrer Wohnung sein und alle möglichen Störungen vorher ausschalten. Setzen Sie sich im Schneidersitz auf den Boden oder auf einen Stuhl, die Füße flach auf dem Boden aufgestellt, die Hände locker im Schoß, und lassen Sie Ihren Atem gehen, bis eventuelle Anspannung von Ihnen abfällt.
Nun ziehen Sie im Geist, etwa indem Sie sich einen Pinsel mit Farbe in Ihrer Hand denken, eine große Ellipse um sich. Seien Sie jetzt Ihr schwächeres Auge. Als dieses bilden Sie einen der beiden Brennpunkte der Ellipse. Ihr stärkeres Auge hat seinen Platz im zweiten Brennpunkt. Sie können dort gern als Hilfsmittel einen realen Stuhl aufstellen. In der Gestalttherapie wird häufig so verfahren. Sprechen Sie als das schwächere Auge mit dem stärkeren, während Sie sich sehr intensiv der beide einschließenden Ellipsenform bewußt sind.

Zwiegespräch Ihrer Augen

Spüren Sie Wärme und angenehme Farben um sich selbst und um den Ort des zweiten Auges. Fragen Sie das andere Auge, warum es herrschen will. Wenn Sie antworten, begeben Sie sich real oder in der Vorstellung auf den zweiten Stuhl und damit an den Ort des anderen Auges. Lassen Sie das Gespräch sich selbst entwickeln und

Der Schielende sieht zwei, meist unterschiedlich scharfe Bilder. Das schärfere Bild ist das des stärkeren Auges, das schemenhafte zweite Bild das des schwächeren, schielenden Auges.

blockieren Sie nicht, wenn es plötzlich Vater oder Mutter sein sollten, die zu antworten beginnen. Schließen Sie das Gespräch mit versöhnlichen Worten ab, und spüren Sie das Warme und Positive, das Sie umschließt. Vielleicht können Sie nun anfangen, Frieden zu machen mit dem stärkeren Auge, das Sie so sehr unter den Druck seiner Dominanz gebracht hat. Oder ist Ihnen jetzt erst klar geworden, daß Sie nach Kräften dessen Wertsystem verteidigen, aber nicht wirklich glücklich damit sind?

Leibseelische Zusammenhänge

Mit dem Beginn der sogenannten modernen Medizin, der für den Bereich der Ophthalmologie, der Augenheilkunde, durch die Erfindung des Augenspiegels markiert ist, setzte unaufhaltsam das Auseinanderdriften der Bereiche Leib und Seele ein. Mit Begeisterung stürzten sich die Herren Doctores – Frauen in diesem Beruf gab es kaum – auf die Möglichkeit, das Auge als höchst interessantes Organ isoliert zu betrachten. Endlich schienen handfeste Kriterien zur Verfügung zu stehen, diesem merkwürdigen, flüssigkeitgefüllten und wie schwebend in seiner bergenden Höhle eingebetteten Körperteil Auge instrumental »zu Leibe zu rücken«. Die späten Kinder der Aufklärung, die in den aufblühenden, vom Ballast des geistig-seelischen Bezugs befreiten Naturwissenschaften das Heil sahen, hatten keine Zweifel an der Richtigkeit des eingeschlagenen Weges. Zudem wurden die Beschaffenheit der technischen Sehhilfen und die Operationsmethoden am Auge im Laufe von über hundert Jahren so sehr verbessert, daß allein davon schon ein selbstzweckartiger Sog ausging, der das Schauen über den Zaun der Seele verhinderte. Man war ja der Ansicht, wirklich etwas zum Wohle des Patienten zu leisten.

Augen und Ganzheitsmedizin

Daß vor allem die Augen, die »Fenster der Seele«, der Einordnung in eine neue Ganzheitsmedizin bedürfen, das war noch vor wenigen Jahrzehnten allenfalls die Erkenntnis einiger Mahner in der Wüste. Diesem Organ und seiner Arbeit, dem Sichtbarmachen der Welt, zuzugestehen, daß sie möglicherweise psychosomatisch (hergeleitet vom griechischen *Psyche*: die Seele, und *Soma*: der Leib) zu betrachten seien, fiel der überwiegenden Mehrzahl der Ärzte nicht ein. Auch solchen nicht, die leibseelische Zusammenhänge auf anderen Gebieten der Heilkunde keineswegs verneinten.

Alexander Lowen, der Schöpfer der »Bioenergetik«, einer Körper- und Atemtherapie, von der später noch die Rede sein wird (→ Seite 49), bemerkt in einem seiner Bücher, er habe in den ersten Semestern seines Studiums Ende der vierziger Jahre ein Werk der Augenheilkunde durchgearbeitet, dem als eine Art Motto der Satz »Die Augen sind der Spiegel der Seele« vorangestellt gewesen sei. Doch in dem ganzen Buch habe er nicht einen einzigen Versuch der Abkehr von der rein mechanistischen Betrachtung des Organs Auge finden können.

Krankheit und innere Entwicklung

Leibseelische Zusammenhänge

Heute ist ein gewisses Maß an psychosomatischem Denken durchaus Gemeingut. Wer sich, vielleicht beim Skifahren, ein Bein bricht, mag sich zunächst gegen den Gedanken wehren, er hätte sich selbst »aus dem Verkehr gezogen«. Doch in der erzwungenen Mußezeit, die ihm das zur Heilung nötige Stillhalten beschert, begreift er, daß die berufliche oder private Hektik, die dem Unfall vorangegangen war, ihm keine Zeit zum Atmen und inneren Ordnen mehr gelassen hatte. Nun liegt er schmunzelnd in seinem Bett, genießt die Ruhe und hat längst beschlossen, daß er es danach etwas ruhiger wird angehen lassen. Wie so oft ist auch in diesem Fall die gedankenlos benutzte Sprache verräterisch. »Ich habe *mir* ein Bein gebrochen«, sagen wir. Nicht selten schließt ein kräftiger grippaler Infekt eine Periode einschneidender *innerer* und *äußerer* Veränderungen ab. Husten, Katarrh und einige Nächte mit starken Schweißausbrüchen haben eine nicht zu unterschätzende reinigende Wirkung auf den Körper. Erst wenn dies vorbei und überstanden ist, wird uns klar, daß ein Zusammmenhang besteht: Eine Wende in der Lebenssicht hat körperlich ihren Tribut gefordert. Jetzt sind wir auch seelisch frei für Neues. Wie heißt es im Volksmund dazu: »Ich habe *mir* eine Grippe geholt.« Umgekehrt hat derjenige, der stolz darauf ist, daß er niemals wegen Krankheit am Arbeitsplatz fehlt, sich vielleicht oft über Jahre seelisch nicht viel weiterentwickelt. Er hat sich eingerichtet, wünscht keine Veränderung und wird folglich allenfalls gelegentlich unpäßlich. Mehr nicht. Ihm genügt es, daß ihn keine Krankheit im landläufigen Sinne heimsucht, ihm das Stigma einbringt, nicht leistungsfähig zu sein. Muß er aber eine Brille tragen, verschafft ihm dies seiner Meinung nach vielleicht eher ein positives Image. Die Klugen sind es, die Kopfarbeiter, die Studierer, die ihre Augen anstrengen und sicher auch manchmal überanstrengen. Brille also letztlich als etwas Positives – nicht als »Krücke«, wie es die Vertreter einer neuen psychosomatischen Augenheilkunde sehen?

Die Brille – eine »Krücke«?

Der Mensch, das Augentier

Damit sind wir mittendrin im Geflecht der sozialen und individuellen Scheuklappen, die uns verpaßt werden, kraft unserer Geburt in eine bestimmte Gesellschaft und in eine bestimmte Familie beziehungsweise bestimmte Lebensumstände. Für so gut wie alle Nahtstellen zwischen unserem inneren, unserem seelischen Leben und unserem Körper, der dies nach außen »sichtbar« macht, ist das Auge *der* Mittler schlechthin. Dazu eine kurze, schlaglichtartige Exkursion: Archaische Stammesgesellschaften auf der ganzen Welt ebenso wie die Hochkulturen des Mittelmeerraumes oder die Stände des Mittelalters hatten eine festgelegte Kleider- und Schmuckordnung, deren Mißachtung Gefahr für Leib und Leben bedeuten konnte. Es ging um die soziale Rangordnung. Äußere Merkmale verhalfen zur Orientierung auf den ersten Blick. Auch das schnelle Erkennen des Fremden war notwendig. Er war ursprünglich »immer der zu tötende Feind«, wie die Anthropologen und Verhaltensforscher herausgefunden haben. Die Gastfreundschaft war es, mit deren Hilfe zum einen die Bedrohung gebannt, zum anderen neue Erfahrungen und neues Wissen, mitgebracht von dem Fremden, gewonnen werden konnten. Der Fremde, nun mit anderen Augen betrachtet, wurde zum »Gastfreund«. Auch er mußte sich optisch ausweisen: Er zeigte die waffenlosen Hände. Wie auch sonst hätte es funktionieren sollen? Der Mensch ist nun einmal ein »Augentier«.

Orientierung auf den ersten Blick

»Kleiderordnungen« haben wir auch heute, in der jungen Generation der westlichen Gesellschaft beispielsweise; wer von den Älteren mithalten möchte, weil der »Jugendlichkeitswahn« dieser Zeit ihn angesteckt hat, kommt in ähnlichem Aufzug. Wir schauen zum Nachbarn über den Zaun, um zu sehen, in welchem Stil er sein Haus baut und welche Automarke er fährt. Wir sagen zu unseren Kindern: »Wenn das die Leute sehen ...!« Und wir sagen, gleichfalls abwertend: »Oben hui und unten pfui«, wenn wir hinter der uns gezeigten Fassade Unordnung vermuten. Wir wollen sehen, woran wir sind (merken aber nicht immer, daß wir möglicherweise selbst Meister im Verstecken sind).

Optische Reize und unser innerer Filter

Im individuellen Bereich ist die Schlüsselstellung des Auges nicht minder gewichtig. Männer und Frauen reagieren unterschiedlich auf optische Reize. Was einen Menschen anzieht oder abstößt, ist sowohl individuell als auch geschlechtsspezifisch bedingt. Überdies wirkt auch das gängige Schönheitsideal hinein. Über unsere Augen nehmen wir also nur das wahr, was unser innerer Filter durchläßt. Gebildet hat er sich aus unseren inneren Einstellungen und aus den Prägungen durch unsere Umwelt.

Botschaften, die verwirren

Das Neugeborene lernt mit Hilfe seiner Augen die Silhouette des Menschen kennen, der ihm Wärme, Zuwendung und Nahrung spendet. Beim neun Monate alten Kind kommt die Zeit des »Fremdelns«. Es sieht den Fremden und verbirgt sein Gesicht am Körper der Mutter. Auch in der weiteren Entwicklung des Kindes spielt das Auge eine große Rolle. Allerdings kommen im Kontakt mit anderen Menschen Informationen aus den Bereichen Intuition und Gefühl hinzu, die es jedoch auch verwirren können. Wenn die Mutter oder der Vater bei fürsorglichen Tätigkeiten ein strenges oder abweisendes Gesicht macht, ist das Kind widersprüchlichen Botschaften ausgesetzt, die es nicht in Einklang miteinander bringen kann. Etwas größere Kinder zeigen ihre Verwirrung häufig mit der Frage: »Was machst Du für ein Gesicht?«

Scheuklappen – lebensnotwendiger Schutz?

Verdrängung – was ist das?

Wie schützt sich das Kind, wenn über Augen und Gefühl diese widersprüchlichen Reize eindringen? Es versucht, sich dem Widerspruch zu entziehen, indem es eine der beiden Wahrnehmungen ignoriert, aus dem Bewußtsein ausklammert – sie »verdrängt«. Verdrängung bedeutet, daß diese Erfahrung zwar vom Bewußtsein abgeschnitten ist, im Unbewußten aber lebendig wirksam bleibt. Dieser Verdrängungsvorgang ist für uns alle lebensnotwendig. Er engt einerseits unsere Wahrnehmung ein, schützt uns aber andererseits davor, daß wir überschwemmt werden von widersprüchlichen und damit angstmachenden Eindrücken. Um zu verhindern, daß das

Einengung und Schutz gleichermaßen

Verdrängte die Schwelle zum Bewußtsein wieder überschreitet und uns damit in Konflikte stürzt, legen wir uns Scheuklappen an, die unsere Wahrnehmung nur in eine bestimmte Richtung lenken. Wie beim Pferd, das von Natur aus einen Sichtradius von 320 Grad hat, durch die Scheuklappen, die ihm der Kutscher überzieht, aber auf einem bestimmten Weg gehalten wird, weil es nun alles Bedrohliche, Verwirrende um sich herum nicht mehr wahrnehmen kann.

Der Geist schafft sich den Körper

Unsere Anlagen und die Umwelt

Ein Kind kommt so gut wie immer mit gesunden Augen auf die Welt. Seine Anlagen, körperliche wie seelische, hat es mitgebracht. Seine Umweltbedingungen findet es vor. Mit seinen Anlagen richtet es sich auf die Umweltbedingungen ein. Der Blick nach draußen wird immer anders ausfallen, je nachdem ob es draufgängerisch und neugierig, zart und übersensibel, extrovertiert oder introvertiert ist. Entsprechend werden sich seine äußeren und seine inneren Augen entwickeln. Heute ist die Wissenschaft auf dem Wege, diese Zusammenhänge zu erkennen und damit einen alten Satz zu bestätigen: »Der Geist schafft sich den Körper.« Die inzwischen mögliche graphische Darstellung der charakteristischen und einmaligen Daten der DNS-Spirale eines Menschen, Träger seiner Erbsubstanz, kann Auskunft über die Dispostionen seines Körpers geben und vielleicht eines Tages auch die seiner Seele. Eine solche Disposition kann eine Mitteilung darüber enthalten, daß möglicherweise Anfälligkeit für eine bestimmte Krankheit gegeben ist. Sie muß jedoch nicht zum Ausbruch kommen. Ob es so sein wird, darüber entscheiden unter anderem entsprechende Streßfaktoren, denen sich der Mensch aussetzt – oder denen er sich mehr oder weniger passiv ausgesetzt fühlt. Daß er sein Wohl und Wehe auch selbst in der Hand hat, diese Erweiterung der schulmedizinischen Sichtweise wird oft überhaupt nicht oder erst nach langwierigen, schmerzlichen Erfahrungen gelernt. Umgekehrt hat die jüngste Forschung ergeben, daß im Erbgut sehr viel mehr angelegt ist, als bisher vermutet wurde. Die Konsequenz daraus wäre der Ruf nach einem Genpaß für Erwachsene. Das hieße für die Praxis, daß bei Dispositionen zu bestimmten Augenkrankheiten augenbelastende Berufe nicht ergriffen werden sollten.

Jeder ist seines Glückes Schmied

Wir sehen also, daß der Mensch nicht nur passiv sein Schicksal erdulden muß, sondern »seines Glückes Schmied« werden kann. Mehr noch, er ist – um im Bild zu bleiben – sowohl Hammer als auch Amboß. Das soll heißen, jeder von uns ist für sich selbst und für sein Leben verantwortlich.

Vor dieser Erkenntnis möchten wir gern die Augen verschließen, und am liebsten immer dann, wenn sie Konsequenzen in unserem Handeln erfordern würde, unbequeme Konsequenzen. Auf unser Thema bezogen, bedeutet dies zweierlei:

- Wir fühlen uns normalerweise für die Güte unserer Sehkraft nicht zuständig, sie ist angeboren und nur durch die ärztliche Kunst korrigierbar.
- Um andere Sichtweisen nicht aufkommen zu lassen, gehen wir mit starrem Scheuklappen-Blick durch die Welt.

Dieses Vermeiden eines freien Um-sich-Blickens beschneidet nicht nur Wahrnehmung und Erlebnisfähigkeit, sondern ist auch anstrengend. Es führt zu Verkrampfungen, die nicht nur die Augen betreffen, sondern sich auf den ganzen Körper und die innere Haltung des Menschen auswirken können. Mit unbeweglichem Blick, der uns oft völlig starr macht, gehen wir dann durch unser Leben. Ob dies nun für Sie zutrifft oder nicht – haben Sie, liebe Leserin, lieber Leser, Lust auf eine kleine Lockerungsübung, die der Starre entgegenwirkt?

Der Starre entgegenwirken

Eine Übung zur Lockerung

Setzen Sie sich entspannt hin, und lassen Sie Ihre Augen in eine absichtslose Position gleiten. Sie werden dann wahrscheinlich schräg nach unten auf den Boden sehen. Das ist die natürlichste Haltung für den Augapfel. Locker und ohne Anspannung bedecken die Lider den oberen Teil des Auges. Nun bewegen Sie den Blick weich in kleinen Spannen hin und her, völlig unsystematisch. Sie schauen nur einfach, und dabei machen Ihre Augen, wie Sie feststellen werden, kleine, schwingende Bewegungen. Lassen Sie es für eine Weile dabei, und

Kleine, schwingende Bewegungen

beginnen Sie dann von eins bis zehn zu zählen, während Sie beobachten, wann Ihre Lider sich kurz zum Blinzeln schließen. Entspannte Lider blinzeln in der Regel dreimal in zehn Sekunden. Spüren Sie, wie sich Augen und Augenumfeld nach der Übung fühlen; achten Sie auf Ihren Atem. Ist er nicht ebenfalls ruhig und leicht geworden?

Der Verdrängung auf der Spur

Forschungsergebnisse amerikanischer Neurologen haben an den Tag gebracht, daß sich ein Verdrängungsvorgang sogar messen läßt. Der Mensch sendet unterschiedliche Hirnwellen aus, je nachdem, ob er das gesehene und das innere Bild gut zur Deckung bringt, oder ob er das, was er sieht, lieber »wegsteckt«. Im Fall von Verdrängung wurde eine winzige Verzögerung und das Auftreten eines »Klirr-Effektes« registriert. Die Vorstellung, es könnte ein »Visio-Feedback-Instrument« entwickelt werden, das uns mitteilt: »Hallo, Du verdrängst!«, läßt allerdings schaudern. Besser also, ein aufmerksamer Beobachter seiner selbst zu werden. Die Buddhisten nennen es »Achtsamkeit«; Christen finden in der Bibel entsprechende Aufforderungen, wenn auch oft in bildhafter Sprache versteckt.

Achtsam bleiben

Probieren Sie doch einmal folgendes:

Eine Übung für Wißbegierige

Zeitpunkt und Ort können nur Sie selbst bestimmen, denn sie ergeben sich aus einer Reaktion von Ihnen, die zu erkennen Sie freilich bereit sein müssen. Wenn Sie ein Impuls des Erschreckens, der Wut, der Angst, der Trauer oder eines anderen starken Gefühls erfaßt, für den es keinerlei verstandesmäßige Erklärung gibt, etwa als Folge einer Äußerung eines Menschen, die Sie nicht betraf und die Sie dennoch tief »traf«, dann halten Sie sofort diesen Augenblick fest. Was wurde gesagt? Was haben Sie gesehen? Merken Sie sich so viele Details wie irgend möglich. Sobald Sie Ruhe haben und allein sind, vielleicht auf einem Spaziergang, fragen Sie sich, warum Sie dieser Satz »bis ins Mark traf« und was Sie daraus für sich lernen. Fragen Sie es nicht nur mit dem Kopf, fragen Sie es mit dem Herzen.

Versuchen Sie, Ihre Reaktion zu verstehen

Sehen – ein Leben lang

Die Erforschung der Lebensbedingungen für das Kind im Mutterleib ist inzwischen sehr weit gediehen. Es spricht, wie man weiß, auf viele verschiedene Einflüsse an, denen die Mutter ausgesetzt ist. Mozartmusik macht es ruhig, und Mutters Ärger oder Kummer läßt es zappelig und aggressiv reagieren. Die amerikanische Psychologin Dr. Helen Wambach hat in Versuchsreihen, die sich über Jahre erstreckten, unter hypnoseartigen Bedingungen zu erforschen versucht, welche Gefühle das Ungeborene bewegt haben. Neben anderen Daten, die vor allem für Menschen interessant sind, die sich mit der Wiedergeburt beschäftigen, kam dabei heraus, daß es neugierig ist auf das Aussehen der Mutter, zu der es seelisch schon so lange intensiven Kontakt hatte. Nach der natürlichen Geburt, die nicht durch Narkose gestört wurde, sucht es den Blick der Mutter und auch des Vaters, so er zugegen ist. Es ist ein sehr langer, sehr forschender Blick. Manche Mutter wird sich daran erinnern, und auch daran, daß sehr bald eine solche Blickverbindung nicht mehr möglich war. Im Talmud heißt es, ein Engel lege dem neugeborenen Kind den Finger auf die Lippen, um sie zu verschließen, damit sie kein Geheimnis preisgeben. Dieser lange Blick kündet noch von dem Geheimnis. Das Kind ist also da, und es hat so gut wie immer gesunde Augen. Doch sind sie noch nicht in ihrer Stellung fixiert (fixieren heißt: festmachen). Mit Macht strömen Einflüsse von außen auf das kleine Wesen ein, denen es sich stellen muß. Dies tut es mit Leib und Seele, die sich im ständigen Wechselspiel befinden. Wer sich möglicherweise sehr aktiven, fordernden, »anstrengenden« Eltern nicht gewachsen fühlte, lernt früh, den Blick auf das Nächstliegende zu richten. Wer mit ihm unverträglichen Verhaltensweisen in seiner Umwelt nicht zurecht kam und deshalb lieber auf Ziele in der Ferne blickte, bei dem verloren die Augen die Fähigkeit zur Wahrnehmung von Detailschärfe in der Nähe. Wo Vater und Mutter in der Intensität der persönlichen Ausstrahlung, der Art der Zuwendung zu ihrem Kind und auch in der Stärke ihrer Position in Partnerschaft und Familie unterschiedlich wahrgenommen wurden, da »verrutschten« die Augen gegeneinander bei dem Versuch, sich auf *ein* verläßliches Elternbild einzustellen (→ auch Seite 13).

Einflüsse in der Kindheit

Vom Vaterauge und vom Mutterauge

Die Begriffe »Vaterauge« und »Mutterauge« sind aus der fernöstlichen Vorstellungswelt zu uns gekommen. Wie genau sie den Nagel auf den Kopf treffen, konnte mit Hilfe von hirnphysiologischen Untersuchungen nachgewiesen werden. Das Vaterauge ist das rechte, gehört also zur rechten Körperseite, die mit der linken Hirnhälfte korrespondiert. Hier sind das logische Denkvermögen, die Sprachfähigkeit, das Zahlengedächtnis, das lineare und analytische Denken sowie das Empfinden für Zeit zuhause; diese Fähigkeiten werden als dem »bewußten Ich« zugehörig bezeichnet. Die linke Körperseite ist der rechten Hirnhemisphäre zugeordnet. Sie ist zuständig für Intuition, Rhythmus, Bewegung, Musikalität, Vorstellungskraft, Bildhaftigkeit, Farbempfinden und Phantasie. Bei Männern und Frauen, das haben die verschiedenen Testprogramme ergeben, ist die Reaktionsfähigkeit der beiden Hirnhälften unterschiedlich stark ausgebildet. Bei Männern ist die Reaktionsdifferenz zwischen den beiden Hälften sehr groß. Bei ihnen ist in der Regel die linke Seite stärker ausgebildet als die rechte. Bei Frauen haben normalerweise beide Seiten das gleiche Reaktionsvermögen; bei ihnen bildete sich demnach keine Dominanz einer Hirnhälfte aus. »Typisch Frau«, heißt es oft spöttisch. Unter diesem Aspekt betrachtet ist es eher ein Kompliment.

Von der linken und der rechten Hirnhälfte

Lebensphasen mit Sehschwierigkeiten

In vier wichtigen Stadien des menschlichen Lebens tauchen meiner Erfahrung nach Augenschwierigkeiten gehäuft auf. Es sind dies der Abschnitt nach dem siebten Lebensjahr, die Zeit der Pubertät, die sogenannte Midlife crisis und das beginnende Alter. Die typischen Phänomene in jeder dieser Phasen zeigen so viele Ähnlichkeiten, daß allgemeine Schlüsse gezogen werden können.

Anpassung des Siebenjährigen

Neue Anforderungen

Im frühen Schulalter geht die Unbefangenheit des kleinen Kindes verloren. Es erwirbt neue Fertigkeiten in der Schule, interessiert sich dafür, wie die Dinge funktionieren, und erkennt Regeln und Ordnungen. Das Kind macht sich zu eigen, was das nunmehr größere soziale Umfeld bereithält. Damit kommen zum ersten Mal verstärkt Kräfte außerhalb des Elternhauses ins Spiel, die das Kind vor neue Anforderungen in seiner Entwicklung stellen.

Sehschwäche durch seelische Belastungen

Der Augenarzt beobachtet in dieser Zeit häufig Fehlsichtigkeit. Das kann seinen Grund darin haben, daß eine Sehschwäche erst jetzt bemerkt wird. Es kommt aber auch vor, daß Sehschwierigkeiten durch Belastungen seelischer Art auftreten. Folgende Erscheinungen können sich einstellen: Schübe von Fehlsichtigkeit, wenn ein weiteres Kind in die Familie geboren wird, vor allem aber, wenn die Eltern sich trennen. Verläßt die Mutter das Haus, kann das linke Auge schwächer, es können aber auch beide Augen kurzsichtig werden. Ist die Mutter eine die Familie und damit das Kind eher beherrschende Persönlichkeit, wird möglicherweise der Sohn Probleme mit den Augen haben. Dominiert der Vater, kann die Tochter Augenprobleme bekommen. Findet ein Sohn nicht genügend Halt an seinem Vater, mag Schielen mit unterschiedlichen Augenstärken die Folge sein. Generell, habe ich festgestellt, kommt es zu Augenschwächen, wenn mit den Augen seelische Belastungen kompensiert werden. Ob sie sich in Kurz- oder in Weitsichtigkeit ausdrücken, hängt von der Wesensart des Kindes ab, nämlich ob es den Rückzug auf das Nahe sucht oder eher die Phantasiewelt des Fernen.

Angst vor dem Erwachsenwerden

Den eigenen Weg finden

In der Pubertät ist geradezu ein Ansturm von Kurzsichtigkeit zu verzeichnen. Sogar vormals starke Weitsichtigkeit, die dazu verhalf, über die Familiensituation hinwegzusehen, kann in Kurzsichtigkeit umschlagen. Hier sagt der Jugendliche unmißverständlich: »Ich will nicht sehen und folglich kann ich nicht sehen.« Erwachsen werden zu müssen, scheint ihm bedrohlich, da er doch jetzt, im Gegensatz zu den Jahren der Kindheit, die Probleme des Erwachsenseins erkennt.

Überdies hat er oft Schwierigkeiten damit, daß er einerseits seine Eltern als Menschen wahrnimmt, die, wie jeder Mensch, ihre Probleme haben. Andererseits will er häufig bewußt anders als seine Eltern sein, sich von ihnen unterscheiden, seinen »eigenen Weg sehen«.

Schwierigkeiten mit der Sexualität

Im Fortschreiten auf das Ziel zu einer eindeutigen Identität als Mädchen oder als Junge geraten Jugendliche manchmal auch in die Übergangsphase einer gewissen homosexuellen Ansprechbarkeit. Hier brauchen sie Hilfe und Verständnis. Und sie müssen erfahren, daß es sich um eine »normale« vorübergehende Phase handelt. Augenschwächen während dieser Entwicklungsstadien verschwinden häufig ebenso überraschend, wie sie gekommen sind.

Partnerbeziehung und Berufsleben

In der Periode um das 28. bis gegen das 35. Lebensjahr, die eine erste Rückorientierung des Menschen bringt, kann ebenfalls unerwartet Kurzsichtigkeit auftreten. Zentrale Probleme liegen im Bereich Partnerschaft und Selbstverwirklichung im Beruf.

Erste Rückbesinnung

In dieser Lebensphase eines Menschen kann deutlich werden, daß seine Partnerwahl bestimmt war von der noch nicht vollständig gelungenen Ablösung von Vater oder Mutter – also stattgefunden hat in einem Entwicklungsstadium, in dem er noch auf der Suche nach der eigenen Identität war. Eine Frau beispielsweise kann sich mit ihrem Partner einen Vaterersatz gewählt haben und muß nun erkennen, daß sie die Beziehung lösen oder aber, kann sie dies nicht, unglücklich weiterleben muß. Es wird dann wohl ihr rechtes Auge sein, das stärker betroffen ist.

Auch Neigungen oder Begabungen im beruflichen Bereich können während dieser Zeit klarer bewußt werden. Möglicherweise ausgelöst durch ein gravierendes Ereignis, den Tod eines Angehörigen oder Freundes beispielsweise, kann es zu einer Neuorientierung und

Klarer sehen

sich daran anschließendem Einschlagen einer anderen Berufsrichtung kommen. Diese Bemühung, zu einer »neuen Sicht« zu finden, hat auch Auswirkungen auf die Augen, wobei Sehschwächen oft vor allem in der Übergangsphase auftreten, um sich, sobald die Lebenssituation gefestigt ist, wieder zu verlieren.

Krise in der Lebensmitte

Der Grüne Star (Glaukom) ist eins der Augenleiden der mittleren Jahre. Man unterscheidet chronische und akute Formen. Erste Erkenntnisse zur psychosomatischen Seite dieser Erkrankung wurden schon in den ausgehenden vierziger Jahren gewonnen. Kennzeichen des Glaukoms ist erhöhter Augeninnendruck, zu dem sich, sehr stark vereinfacht gesagt, ein stark angewachsener Druck auf das innere Leben des Menschen in Verbindung bringen läßt.

Nachdenken über das eigene Leben

Diese Lebensperiode, in den späten Dreißigern beginnend und nicht selten andauernd bis etwa Mitte Fünfzig, fordert Nachdenken darüber, was mir das Leben bisher gebracht hat, und auf was ich noch rechnen kann. Dabei taucht zwangsläufig die Vorstellung auf, daß ein jeder Mensch allein ist, letztlich einsam. »Werde ich alleine und werde ich überhaupt mit mir fertig«, lautet die bange Frage, »kann ich mir selbst in die Augen sehen, meine eigene Nähe ertragen?«
Ein Glaukom mit unterschiedlich starkem Druck auf Vater- und auf Mutterauge mag sich auch dann einstellen, wenn eine Frau, die sich als Mutter aller, auch des Mannes, für die Familie »geopfert« hat, mit fünfzig Jahren erkennen muß, daß sie als Frau mit sexuellen Bedürfnissen einen wichtigen Teil ihres Lebens nicht gelebt hat. Sie hat Angst davor, diese Wahrheit in ihrer vollen Tragweite zu erkennen, Angst auch, die Dämme, die sie errichtet hat, könnten den Stau ihrer nun spürbar gewordenen Bedürfnisse nicht mehr zurückhalten. In diesem Lebensabschnitt entwickelt sich bei vielen Menschen eine veränderte Sicht der eigenen Sexualität und damit der körperlichen und seelischen Beziehung zum Partner. Ödeme, das heißt: Schwellungen, im Augenhintergrund, die zu einer starken Beeinträchtigung der Sehkraft führen können, sind der körperliche Ausdruck dafür. Die Partner können einander »nicht mehr sehen«, sind »blind« geworden für ihrer beider körperlichen Reize. Beim Mann ist Impotenz nicht selten die Folge – die Schwellung, zu der es dabei nicht mehr kommt, hat sich »verlagert« auf das Auge. Das mag oft Anlaß für den Mann sein, die seelische Verbindung zu seiner Partnerin zu überprüfen, sie mit »neuen« Augen zu sehen.

Den Partner mit »neuen« Augen sehen

Der Lebensweg neigt sich

Übermächtig wird machmal die Erkenntnis, die Rainer Maria Rilke in Worte gefaßt hat: »Der Tod ist groß. Wir sind die Seinen lachenden Munds. Wenn wir uns mitten im Leben meinen, wagt er zu weinen, mitten in uns.« Mitten im Leben und mitten in uns. Können wir uns ein Herz fassen und auf unseren weiteren Lebensweg blicken? Er zieht sich nicht mehr strahlend in die Höhe. Er windet sich bergab, einem uns unbekannten, nur eben erahnten Ziel entgegen. Ohne Sinnsuche wird dieser Weg nicht zu bewältigen sein. Das Bekenntnis zur Sinnsuche allein aber heißt schon, sich der bisherigen Lebensführung stellen zu müssen. Auf dem Scheitelpunkt zu stehen und zurück und gleichermaßen nach vorne zu blicken, verlangt große Seelenkräfte. Da ist es soviel einfacher, seine Augen mit Blindheit zu schlagen, lachend sich äußeren, betäubenden Vergnügungen hinzugeben.

Sich zur Sinnsuche bekennen

Das Alter – Einsamkeit und Starre?

Die Altersweitsichtigkeit setzt nicht selten schon um das 40. Lebensjahr ein und verstärkt sich ab Fünfzig, ein Zeitpunkt, zu dem auch bereits der Graue Star (Katarakt) gelegentlich auftritt. Mit diesen beiden Phänomenen »verkörpern« sich zwei Prinzipien, die das Leben zunehmend bestimmen können.

Weitsichtigkeit kann heißen, daß der Mensch sich selbst isoliert, daß er, was ihn gefühlsmäßig berühren könnte, nicht mehr in seiner Nähe dulden mag. Seelische Starre kann mit der Zeit eine Entsprechung im Grauen Star finden, Folge der unelastisch gewordenen Linsenführung des Auges. Die engste Umgebung, obwohl nur verschwommen zu erkennen, vermittelt Sicherheit, weil sie vertraut ist. Während ein Rückzug in die Erinnerung, die Vergangenheit, erfolgt, ängstigt alles Neue, weil die Augen es nicht mehr scharf zu fassen vermögen. Meiner Erfahrung nach neigen vor allem solche Menschen zur Verengung dieser Art, denen es gegen Ende der Midlife Crisis nicht so recht gelungen ist, den Weg zur Sinnsuche zu finden. Nun mögen sie sich den Anstrengungen nicht mehr stellen – und auch nicht den Herrlichkeiten dieser Welt.

Immer noch und immer wieder: Neues annehmen

Die Welt neu sehen lernen

Den Horizont erweitern

Unbefangen und ohne Angst

Krankheit, auch die der Augen, ist immer die individuell, einmalig und unverwechselbar gestaltete Herausforderung zum Lernen. Was also könnte etwa der Kurzsichtige lernen (wollen)? Zum Beispiel mag er das Gefühl haben, er sollte langsam seinen enggezogenen Horizont erweitern, weil er nun erwachsen genug ist, sich vom Beziehungsschema seiner Kindheit zu lösen. Es mag auch sein, daß er nun bereit ist, die Zaghaftigkeit, ja Ängstlichkeit, die mit seiner verminderten Sicht einherging – ein Autofahrer im Nebel ist auch vorsichtiger –, hinter sich zu lassen, um den selbstgesetzten Radius endlich unbefangen auszuloten. Eines Tages ist dann vielleicht Stabilität genug da, die Grenzen weiter nach außen zu verschieben.

Das Nahe erkunden

Geöffnet auch für Neues

Der Weitsichtige mag es an der Zeit finden, mit Mut nun das Nahe zu erkunden, denn wer das Nahe nicht in Besitz zu nehmen weiß, hat nicht genügend Zugang zu seinen Wurzeln und kann auch den Mitmenschen nicht in seinen Kreis hineinlassen. Doch mag er ebenso die Chance nutzen, seine Weitsichtigkeit – hier im doppelten Sinne gemeint – neu zu begreifen. Sie kann viel mehr sein als nur ein Fluchtbereich, in dem er sich aufhalten, aber niemals wirklich heimisch werden kann. Ein Hauch der Faszination großzügigen Denkens mag für ihn spürbar werden. »Wirf Dein Herz über den Fluß und spring ihm nach« heißt ein Spruch. Jetzt kann er es tun und nicht nur davon träumen. Senioren auf Weltreise im Campingbus etwa sind heute keine zu bestaunende Ausnahme mehr.

Spannung sinnvoll nutzen

Der berühmte »Silberblick«, vor nicht allzu langer Zeit sogar charakteristisches Kennzeichen eines Schönheitsideals, kommt relativ häufig vor. Es handelt sich um ein Schielen der Augen nach innen (→ Seite 13). Unsere Stars auf der Mattscheibe heute schielen allerdings, aufnahmetechnisch bedingt, nach außen. Das gibt den Gesichtern ebenfalls wieder einen besonderen Ausdruck.
Weil sich die Sehachsen der Augen nicht treffen, werden zwei Bilder wahrgenommen, und das meist von früher Kindheit an. Schielende Kinder müssen lernen, umzugehen mit diesen zwei Bildern. Sie stellen also sozusagen ständig aus These und Antithese eine Synthese her. Das verlangt hohe analytische Fähigkeiten, nicht selten zum Preis einer gewissen inneren Starre, denn Intuition oder andere Aufgaben der rechten Hirnhälfte müssen zwangsläufig zu kurz kommen, wenn der analytischen Reflexion unverhältnismäßig viel Raum überlassen werden muß.

Jedes Ding hat zwei Seiten

Die Lösung für einen Erwachsenen könnte sein, es anzunehmen, daß seine beiden Bilder von der Welt ihm zeigen, wie sehr doch »jedes Ding zwei Seiten hat«. Er muß dann nicht mehr ständig versuchen, die Spannung zwischen beiden Polen zu überbrücken, sondern kann sie aufbauend und sinnvoll nutzen: Für Gefühl und Intuition werden Freiräume geschaffen.

Die Fülle der Welt sehen

Und was ist mit dem, der bis ins hohe Alter mit Adleraugen um sich blickt? Hat er nichts zu lernen? Er hat, gewiß. Wer möchte die Richtigkeit des Sprichworts »Man lernt nie aus« bezweifeln. Aber nicht für jeden sind die Augen Transportmittel für Erkenntnisse.

Lernen bis ins hohe Alter

Herausforderungen, zu lernen, können sich auf ganz anderen Ebenen abspielen. Umgekehrt kennt jeder von uns gewiß mindestens einen Menschen von besonders liebenswertem Naturell und hohen Wesensqualitäten, der ein Leben lang mit drohender Erblindung zu kämpfen hatte. Er hat tatsächlich gekämpft – und ständig gelernt. Wer nicht glauben mag, daß selbst die sogenannten altersbedingten Sehschwächen und Augenkrankheiten nicht rein organisch sind, dem mag ein Phänomen zu denken geben. Auffällig ist, daß vor allem Maler sehr oft weit über die übliche Zeit hinaus hervorragende Augen haben. *Sie wollen die ganze wunderbare, farbige Fülle der Welt sehen*. Auch haben sie ihre schöpferischen Kräfte geweckt und ein Leben lang genutzt, das heißt, sie hatten Zugang zu der Fülle

Die Natur erleben

ihrer inneren Welt. Bei Landwirten finden wir ebenfalls sehr häufig bis ins späte Alter eine gute Sehkraft. Sie blicken über ihr Land hin, sie leben im jahreszeitlichen Kreislauf der Natur und sind ständig neu Zeuge der Fruchtbarkeit der Erde; sie erleben ihr eigenes Eingebundensein über die mitschaffende Tat. Sie brauchen ihre Augen, um alles wachsen zu sehen. Ohne Lesebrille geht es allerdings meist auch nicht ab.

Niemals rasten!

Geöffnete Augen, geöffnete Seele

Wer kennt das Sprichwort nicht: »Wer rastet, der rostet.« Umgesetzt auf die Bedingungen des menschlichen Auges heißt das, die Funktionstüchtigkeit läßt nach, weil sich Schlacken ansetzen, die trüben, reiben und erstarren lassen. Die Nahrungszufuhr zum Auge und dessen natürlicher Säftehaushalt beginnen zu stocken. Der wichtigste Rat an alle, die Augenschwierigkeiten haben oder ihr Augenlicht in bestem Zustand erhalten wollen: Immer bereit zu sein, Neues zu entdecken, das Blickfeld ständig zu erweitern, und Schlacken, die immer und bei allen Lebensvorgängen entstehen, keine Chance zu geben, sich festzusetzen. Reinigung, die Altes aufarbeitet und gleichzeitig im Jetzt ansetzt, um Schlackenstau gar nicht erst entstehen zu lassen, ist stets der Begleiter des Weges nach innen. Schwitzen bei harter Arbeit, in der Sauna oder gar in einer indianischen Schwitzhütte, die ohnehin nur in der rechten inneren Haltung betreten werden darf, ist eine gute Hilfe. Ebenso ein Spaziergang bei schlechtem Wetter, rasch gegen Wind und Regen ankämpfend, die Augen weit geöffnet. Es läßt sich gut schreien gegen den Sturm: »Raus mit allem, weg von mir!« Nichts soll sich auf den Magen schlagen können, keine Laus soll über die Leber laufen dürfen und sich auf Dauer dort verirren. Wie schön ist es, danach mit offenen Augen um sich zu blicken, mit geöffneter Seele danach zu greifen, was wohltut, und das Gefühl zu haben, in zunehmender Gelassenheit »hinter die Dinge zu sehen«.

Ganzheitliches Augentraining

Nach diesem Ausflug in die Theorie, der den Boden bereiten sollte für die psychosomatische Betrachtung unseres Organs, stehen Sie jetzt sicher in den Startlöchern und fragen ungeduldig, was denn nun zu tun sei. Sie sagen, Sie hätten es satt, sich mit der Brille oder mit Kontaktlinsen zu ärgern, Sie wollen um sich und vor sich schauen und das ganze Spektrum des Lebens und der Welt wahrnehmen.

Wollen Sie wirklich besser sehen?

Sehen lernen »mit anderen Augen«

Glauben Sie, daß Sie von einem Gutteil der eingeschliffenen Verhaltensweisen lassen können, die Sie wie ein schützendes Gebäude seit Ihrer Kindheit um Ihre Seele errichtet haben? Sind Sie bereit, mit sich selbst – und das ist das allererste und allerwichtigste Gebot – Frieden zu machen? Wollen Sie gut zu sich sein auch in der Stunde, in der Sie sich im Spiegel in die Augen sehen und sich eingestehen müssen, daß Sie an einem falschen Bild von sich festgehalten haben? Daß Sie nicht so großherzig, nicht so fleißig, nicht so tolerant, nicht so belastungsfähig sind, wie Sie dachten? Daß Sie häufig nichts anderes taten, als sich nach Normen zu richten, die mit Ihren inneren Gegebenheiten nicht übereinstimmen, und daß Ihr ganzes Wesen sich gegen diese Normen gewehrt hat, und Ihre Augen, vielleicht nicht nur Ihre Augen, darüber krank geworden sind? Wie werden Sie damit umgehen, wenn Sie unausweichlich erkennen, daß Sie Ihr persönliches Umfeld »mit anderen Augen betrachten« müssen? Was werden Sie tun, wenn Sie sehen, daß die Beziehung zu Ihrem Partner über längst hohl gewordene Formen aufrechterhalten wird, obwohl Sie doch beide ständig zu überspielen versuchen, daß wichtige Bedürfnisse nicht mehr erfüllt werden? Werden Sie ins Auge fassen können, wie er oder sie wirklich ist und wie Sie selbst wirklich sind – damit Sie nun eine ganz neue Brücke zueinander bauen können? Sind Sie bereit, die folgenden Zeilen langsam und laut zu lesen, während Sie deren Aussagen ebenso intensiv wie ehrlich mit dem Denken und mit dem Fühlen nachspüren?

- Ich sehe nicht, was mir Angst macht, weil es den Normen, nach denen ich lebe, nicht entspricht; Normen, die von mir selbst, von wichtigen Bezugspersonen meiner Kindheit oder von der Gesellschaft aufgestellt wurden.
- Ich sehe nicht, was mich an schlimme Erfahrungen erinnert, die ich verdrängt, aber nicht verarbeitet habe.
- Ich sehe nicht, was nicht mehr in Einklang zu bringen ist mit einmal getroffenen Lebensentscheidungen, von denen ich mich nicht trennen will, aus Angst, unbekanntes Terrain zu betreten.
- Ich sehe nicht, was sexuelle Reaktionen in mir auslösen könnte, weil ich glaube, daß ich sie mir nicht gestatten darf, oder ich sehe nicht, was normalerweise sexuelle Reaktionen in mir auslöst, weil ich im Augenblick dazu nicht bereit und nicht imstande bin.
- Ich sehe, was ich sehen muß.
- Ich sehe unendlich vieles nicht, was ich sehen könnte, aber nicht sehen darf. Dafür sehe ich nur allzu oft etwas, was nicht da ist, nur weil es mir »ins Bild paßt«.

Lesen – denken – nachspüren

Das war starker Tobak – und der eine oder andere von Ihnen, liebe Leser, wird dem nicht folgen wollen. Das macht nichts. Im folgenden bieten wir Ihnen eine Reihe von Einstiegshilfen an in die praktische Arbeit mit sich selbst.
Ein fertiges Menü von Übungen, von dem wir garantieren können, daß es zum Ziel führt, gibt es nicht, weil es kein gemeinsames Ziel für alle Menschen, ja in den wenigsten Fällen auch nur für eine kleine Gruppe, gibt. Experimentieren Sie mit den Probierhappen, die wir aus verschiedenen Therapiegebieten zusammengestellt haben. Jeder Mensch ist ein einzigartiges und unverwechselbares Wesen. Ebenso einzigartig und nur für Sie maßgeschneidert sollte Ihr Weg zur Selbsterfahrung, Selbsterkenntnis und Selbstverwirklichung sein. Lassen Sie sich Zeit und werden Sie nicht ungeduldig. Ihr Pfad wird sich Ihnen zeigen.

Entscheiden Sie selbst

Der Weg ist das Ziel

Schritt für Schritt

Nur, was heißt das, Selbsterfahrung und Selbstverwirklichung? Setze ich mir jetzt das abstrakte Ziel: »Ich will mich selbst verwirklichen!«? Oder, konkret und im Hinblick auf Ihre beim Arzt vorgetragenen Beschwerden geäußert: »Ich will jetzt meine Augenmuskeln so trainieren, daß sie in Kürze wieder ideal arbeiten. Dann muß ich ja alles sehen, wenn keine organischen Beeinträchtigungen mehr da sind. Oder?« Weder das eine noch das andere wird zu dem führen, was man gemeinhin »ein Ziel« nennt. Mit Sicherheit kennen Sie den Spruch: »Der Weg ist das Ziel.« Tun Sie ihn nicht ab als allzu abgetragen und allzu sehr in aller Munde. Auch wenn er, modeartig, zur Zeit stets und ständig benutzt wird, und das sicher nicht immer in der verständigsten Weise. Dennoch ist er richtig, unumstößlich und uneingeschränkt richtig.

Wundern Sie sich, freuen Sie sich

Eine »Ziel-Setzung« für den Weg dürfen Sie sich freilich gestatten: »Ich will besser sehen, mehr wahrnehmen, mehr wissen, von mir und anderen, vor allem von jenen, mit denen mein Leben, vielleicht in problematischer Weise, verbunden ist«. Das können der Partner, die Kinder, die Eltern, die Freunde, die Kollegen sein. Und dann fangen Sie mit winzigen Schritten an, ohne unmittelbaren Erfolgsanspruch vor Augen. Er würde Sie doch nur wieder – da er selbst ein Ziel in sich ist – verkrampfen. Öffnen Sie sich den Überraschungen, die auf Sie zukommen, wundern Sie sich, freuen Sie sich. »Mit dem Sichwundern beginnt die Wissenschaft«, heißt es. Sie sind jetzt dabei, die komplexe Wissenschaft von sich selbst zu studieren.

Jede winzige körperliche Veränderung, das werden Sie bald feststellen, zieht Wandlungen in Ihrer Seele nach sich. Wenn sich niemals erkannte, niemals auch nur für möglich gehaltene Verhärtungen zu lockern beginnen, verliert die Seele ein kleines Stückchen ihres Panzers. Das ist schön und kann schon eine Ahnung von Freiheit geben.

Erinnern Sie sich an das Märchen vom Froschkönig? »Heinrich, der Wagen bricht«, sagt der Prinz, als er merkwürdige Geräusche vernimmt, aber sein treuer Diener, der nun endlich nicht mehr den

Frosch, sondern seinen strahlenden, jungen Herrn vor sich hat, antwortet: »Das ist der Reif von meinem Herzen, den ich trug mit großen Schmerzen«.

Wenn sich der Reif vom Herzen löst, ist nichts mehr da, woran sich festhalten ließe. Können wir ohne unseren selbstgemachten Panzer, unser Korsett, unsere Maske, unsere »Persona«, wie Jung sagt, überhaupt existieren, geschweige denn leben? Was tritt an die Stelle dessen, was sich da gelöst hat? Hier liegt ein oft schwieriger Punkt. Wir neigen dazu, uns lieber rasch neue Haltestäbe zu verschaffen, als die existentielle Erkenntnis für uns zu akzeptieren: Es gibt keine

Alles ist Wandel

Sicherheiten, es gibt keine Gewißheiten. Alles ist Wandel.

Die große Chance dabei: Endlich auf sich selbst hören zu können, wenn keine Regeln mehr die feine, leise Stimme unserer Bedürfnisse übertönen. Der erste Schritt zu mehr Bewußtheit, der erste Schritt zu breiterer Wahrnehmung, zu hellerem Sehen. Doch soll ehrlich eingeräumt werden: Der Weg dorthin ist alles andere als geradlinig oder gar festgefügt. Der suchende Mensch kann durchaus eine Weile den Boden unter den Füßen verlieren, er kann in die seichten Wasser der Verzagtheit geraten, so daß er sich nicht mehr getragen fühlt, oder auch in Wirbel, die ihn kopfunter kehren. Dann fühlt er sich wie »The Hanged Man« im Tarotspiel, der Karte der Neuorientierung und des Neuanfangs. Bewahren Sie sich für diese Zeiten ein Quentchen des Mutes, mit dem Sie eingestiegen sind.

Auch die Besserung Ihrer Augenbeschwerden verläuft nicht geradlinig. Es gibt Schübe und Abschnitte der Stagnation. Es mag sein, daß nach einem Jahr subjektiv das Gefühl deutlicher Besserung da ist, die objektive organische Nachprüfung dem aber nicht standhält.

Mit Ernst und Freude üben

Doch wenn Sie mit Ernst und Freude, beides ist gut vereinbar, bei der Sache waren, wenn Sie die Übungen nicht in Routine abgespult, wenn Sie zu Beginn wirklich aus tiefstem Herzen entschieden haben, welches der richtige Pfad für Sie ist, dann haben sich nach einem Jahr Qualitäten des Sehens und Wahrnehmens eingestellt, von denen Sie vorher buchstäblich keine Ahnung hatten. Sie werden gelernt haben, auf Ihren Atem zu achten, Ihre Mitte zu spüren. Sie werden nicht mehr wegen jeder Kleinigkeit aus Ihrer Haut fahren, denn diese

Zu mehr Lebensfreude finden

Haut wird Ihnen lieb geworden sein. Verrichtungen des täglichen Lebens werden ein anderes Gewicht bekommen haben. Wenn Sie besser ausgewählte, vernünftiger zubereitete Nahrung zu sich nehmen, und dies mit Dankbarkeit und in dem Gefühl, Ihrem Körper Gutes zu tun, dann sind Sie vielleicht zu einer fast indianischen oder buddhistischen Lebensfreude vorgedrungen, die uns westlichen Menschen nicht leicht zufällt. Wer indianische Schamanen oder tibetische Lamas kennengelernt hat, wird sich an ihr herzerfrischendes Lachen erinnern. Das Geheimnis dieser Menschen ist ihre tiefe, selbstverständliche Spiritualität. Sie sehen hinter die Dinge, und sie wissen, daß dort ein unerschöpflicher Kraftquell ist, aus dem jeder Mensch schöpfen kann – wenn er sich den Weg dorthin eröffnet hat.

Den eigenen Weg suchen

Wir haben Sie, liebe Leserin und lieber Leser, von den verschiedenen Ansatzpunkten her zu der Erkenntnis zu führen versucht, daß Sie, wenn Sie sich Ihre Sehkraft erhalten oder eine Lösung für Ihre Augenprobleme finden wollen, aufgerufen sind, sich Ihren ureigensten Weg zu diesem Ziel zu suchen. Nun wollen wir Ihnen dazu praktisches Rüstzeug an die Hand geben, müssen also einerseits klare Anleitungen bereithalten, wollen Sie aber andererseits nicht von vorneherein auf eine bestimmte Richtung einschwören. Bleibt also tatsächlich nur die Form des »Menüs«, zusammengestellt aus den klassischen Techniken der Körperarbeit und Entspannung.

Was liegt Ihnen am meisten?

Ausgewählt haben wir vier Methoden, die in den Zielsetzungen ähnlich, aber in ihrer Art, Menschen anzusprechen, sehr unterschiedlich sind. Es handelt sich um Autogenes Training, »Bewußtheit durch Bewegung®« von Moshé Feldenkrais, Yoga und Bioenergetik. Nach kurzen Einführungen in Idee und Zielsetzungen finden Sie jeweils Anleitungen für einige typische Übungen.

Da nur diejenige Übung Erfolg bringen kann, die Sie auch wirklich regelmäßig und mit Freude machen, ist es sehr wichtig, daß Sie herausfinden, welche Ihnen am meisten liegt. Wenn Sie sich Zeit nehmen, alle Übungsreihen durchzuarbeiten und nachzuspüren, wie Sie jeweils darauf reagieren, werden Sie allein durch das Registrieren der Unterschiede schon sensibilisiert. Zu allen Übungsreihen gehören Atem- und reine Entspannungsübungen. Wenn Sie darunter Ihre Favoriten entdecken, werden Sie bald soweit sein, daß es Ihnen gelingt, jeweils für eine kurze, erholsame Zeit aus dem sich drehenden Karussel von Streß und Sorgen herauszuspringen. Das ist schon viel. Wenn Sie in eine der vorgestellten Therapiemethoden tiefer einsteigen möchten, sollten Sie Kurse belegen oder sich gute Fachliteratur besorgen. Hinweise finden Sie im Anhang (→ Seite 80).

Wählen Sie die für Sie richtigen Übungen aus

Für jene Leser, die sich von vorneherein lieber nicht allein auf den Weg machen, sondern die Hilfen der Arbeit in Gemeinschaft mit anderen nutzen möchten, führen wir kurz ein in die gruppentherapeutische Arbeit, die in der Regel unter der Leitung eines psychosomatisch vorgehenden Augenarztes durchgeführt wird. Die erforderliche Entspannung wird durch Autogenes Training erreicht. Den Zugang zu tieferen Persönlichkeitsschichten ermöglichen dann Psychodrama oder Katathymes Bild-Erleben, die der Arzt in der Regel in kleinen Gruppen durchführt.

Einfacher Meditationssitz

Bei einem Teil der Übungen, zu denen Sie Anleitungen in diesem Buch finden, wird von einer bestimmten Körperposition ausgegangen, die wir als »einfachen Meditationssitz« bezeichnen wollen (→ Foto Seite 39). Wer schon in Meditation oder in Entspannungstechniken erfahren ist, kann selbstverständlich seine eigene Form der Meditationshaltung praktizieren.

Die richtige Haltung

Der einfache Meditationssitz: Sie nehmen auf einem stabilen Stuhl ohne Armlehnen Platz, die Füße leicht auseinandergestellt, die Fußsohlen gerade auf dem Boden, so daß die Oberschenkel horizontal verlaufen. Sie sitzen im Gleichgewicht auf beiden Sitzknochen, die Sie spüren. Die Wirbelsäule ist gerade aufgerichtet, aber nicht steif. Das Kinn ist leicht gesenkt, so daß die schräg nach unten blickenden Augen auf einen im Abstand von gut einem Meter vor Ihren Füßen

Der einfache Meditationssitz auf einem Stuhl ohne Armlehnen. Entspannt und gerade aufgerichtet sitzen. Auf guten Kontakt zum Boden achten. Wenn nötig, die Füße fest auf eine mehrfach gefaltete Decke stellen (rechts).

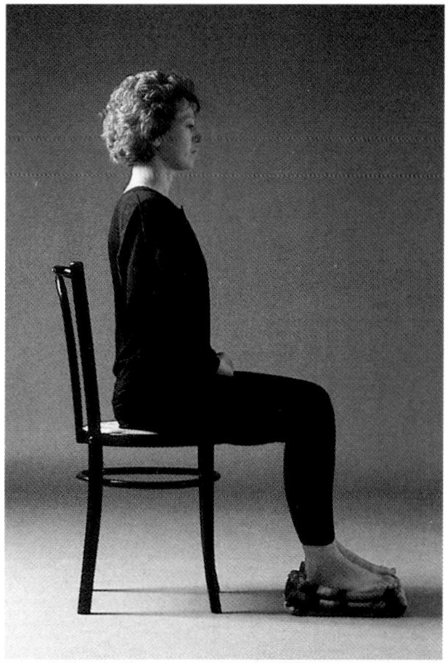

liegenden imaginären Punkt blicken. Lassen Sie die Kiefer los. Die Zunge liegt locker im Mund, die Lippen können leicht geöffnet sein. Die Oberarme hängen gerade herunter (Schultern nicht hochziehen), und die Hände liegen so in Ihrem Schoß, daß beide Handinnenflächen nach oben zeigen, wobei die eine Hand die andere verdeckt. Die Daumen, die sich berühren, bilden eine »Brücke«. Mit den offenen Handinnenflächen, so eine sehr alte Interpretation, wird die eigene Bereitschaft zur Offenheit signalisiert, mit der Brücke aus den Daumen das kreisförmige kosmische Fließen.

Ungestört üben

Bitte achten Sie vor Beginn der Übungen darauf, daß Sie sich an einem Platz in Ihrer Wohnung aufhalten, der eine gute Ausstrahlung hat, und sorgen Sie dafür, daß Sie möglichst nicht gestört werden. Die vage Erwartung einer möglichen Unterbrechung durch das Telefon oder einen Besuch kann zu latenter Nervenanspannung führen und verhindern, daß Sie in den erhofften Zustand der wachen

Meditative Stimmung

Gelöstheit gleiten. Diese wache Gelöstheit oder aufmerksame Gelassenheit, eine »meditative Stimmung«, wird sich bei Ihnen mit der Zeit zunehmend rascher und intensiver einstellen. Dieser Zustand – auch eine konzentrierte künstlerische Arbeit fällt darunter – ist gekennzeichnet durch die Erzeugung von Alphawellen im Gehirn. Sie haben eine mittlere Schwingung von 7 bis 13 Hertz. Mit ihnen ist ein neutrales, nicht zielgerichtetes Gefühl von Gelassenheit des Körpers wie der Seele verbunden. Im Alltagsleben mit seinem nach außen gerichteten Tun und Denken werden Betawellen (13 Hz bis unendlich) produziert. Bei Meditierenden mit sehr langer Erfahrung kommen Thetawellen (4 bis 7 Hz) vor.

Übung zur Einstimmung

Die Gedanken dahinziehen lassen

Der Atem fließt, wie Sie es als natürlich empfinden. Sie verfolgen lediglich sein Kommen und Gehen. Sie können auf das Vorbeiziehen der Atemluft an der Nasenspitze achten oder am »Harapunkt«, der zwei oder drei Finger breit unter dem Nabel liegt, das Auf und Ab der Bauchdecke registrieren. Der Harapunkt ist Ihre »Mitte«, von dort strömen Ruhe und Wärme in Sie ein. Sobald Sie still sitzen, wird ein Wust von Gedanken Sie überfallen. Wehren Sie sich nicht dagegen, denn allein dies verlangt von Ihnen eine Willensanspannung, die der Haltung der wachen Ruhe entgegensteht. Lassen Sie die Gedanken dahinziehen, ohne jede Bewertung und ohne ihnen festhängend zu folgen. Sie registrieren: »Es sind Gedanken da.« Sonst nichts. Eine Hilfe ist es, bis zehn zu zählen, und zwar immer wieder von vorne beginnend. Gleichmäßiges Fortzählen würde Sie zum Einschlafen bringen. Denken Sie an das berühmte »Schäfchenzählen«, das diesen Effekt hat. Haben Sie erst eine gewisse Erfahrung im Herstellen dieser »meditativen Stimmung« erlangt, steht sie Ihnen meist nach kurzer Anlaufzeit zur Verfügung. Gönnen Sie Ihren Augen und Ihrer Seele diese Pause möglichst oft.

Ein Mantra wirkt als Verstärkung

Die Vorstellungskraft nutzen

Kurz noch ein Wort zum Zusammenklang von Leib und Seele bei den Übungen. Bei einem Teil der Übungen, vor allem bei den Körperübungen, können Sie »mental« (aus dem Geist oder aus der Vorstellung) mithelfen, indem Sie eine gedachte Verstärkung benutzen. In westlichen Psychotechniken spricht man von einer »Affirmation«, im Zusammenhang mit östlicher Meditation von einem »Mantra«. Diese mentale Verstärkung kann eine passive Form haben – »Gedanken ziehen dahin« – oder eine aktive Form – »Ich sehe alles neu«. Sehr wichtig ist, daß keine verneinende Formulierung gewählt wird. Ein »nicht« findet keinen Weg in unser Unbewußtes. »Ich bin nicht aufgeregt« ist als Affirmation ungeeignet. Wenn Ihnen im Moment nichts einfällt, sagen Sie »Es geht mir gut«, und es wird Ihnen gutgehen. Von welcher Methode aus Sie Ihren persönlichen Ausgangspunkt nehmen, ist letztlich gleichgültig, denn mit allen Übungen steigen Sie in einen Kreislauf ein oder, besser gesagt, in eine Spirale. Die Entspannung der Muskeln gibt auch der Seele die Gelassenheit, sich spielerisch den möglichen tiefsitzenden Zusammenhängen zu nähern. Augenübungen verbessern die Leistungsfähigkeit der Augen unmittelbar, wirken aber gleichfalls erhellend auf die Sicht der Seele. Übungen mit psychotherapeutischem Ansatz lösen, ihrerseits von der Seele ausgehend, innere und äußere Panzerungen. Lockerungen des Bewegungsapparates wie der Augenmuskeln sind die Folge.

Autogenes Training

Konzentrative Selbstentspannung

Das Autogene Training, von dem Berliner Nervenarzt Johannes Heinrich Schultz nach Erfahrungen in der Hypnosebehandlung entwickelt und 1932 der Öffentlichkeit vorgestellt, wird als »Konzentrative Selbstentspannung« bezeichnet. Mit Hilfe von Formeln, die der Gruppenleiter spricht oder die der Übende sich selbst vorsagt, wird eine »Umschaltung« des Organismus in einen Zustand der Ruhe und Gelassenheit erreicht. Die Rückkehr aus der Versenkung erfolgt ebenfalls mit Hilfe einer Formel. Der Zustand der Gelassenheit hält dann meist für einige Zeit an. In der zweiten, der »Oberstufe« des AT werden »Wandspruchartige Leitsätze« erarbeitet, die nach der körperlichen auch eine seelische »Umschaltung« bewirken. Der Übende kann seine persönlichen Probleme angehen und überwinden. Gelassensein heißt Loslassen von Belastendem, von krampfhaft Festgehaltenem, das vielleicht als Bestandteil des eigenen Lebens empfunden, aber niemals kritisch in Frage gestellt wurde. Sobald es gelingt, Ballast abzuwerfen, sehen auch die Augen klarer.

Gelassen werden, gelassen sein

Man unterscheidet drei Übungshaltungen: Entspanntes Liegen auf dem Rücken, Beine lang ausgestreckt, Fußspitzen leicht nach außen gedreht; auf einem Stuhl sitzend, den Rücken angelehnt, die Arme entspannt auf den Oberschenkeln liegend, der Kopf leicht nach vorne gebeugt; »Droschkenkutscherhaltung«: Auf dem vorderen Teil der Sitzfläche eines Stuhls sitzen, Oberkörper und Kopf nach vorne geneigt, die Unterarme auf die leicht gespreizten Oberschenkel gelegt, so daß die Hände nach innen herunterhängen.

Sehr wichtig: Prägen Sie sich vor Beginn den Weg der »Rücknahme« genau ein, damit Sie in Frische wieder »auftauchen«. Die Formel für die Rücknahme lautet: »Arme fest!« (stellen Sie es sich vor), »Tief ein- und ausatmen!« (tun Sie es) und »Augen auf!« (tun Sie es).

Die Formel bitte einprägen!

Die Übungen für das Autogene Training bauen in der Reihenfolge »Ruhe«, »Schwere«, »Wärme« aufeinander auf. Das Fortschreiten erfolgt in kleinen Schritten. Gehen Sie bitte jeweils erst weiter, wenn Sie das Gefühl haben, daß die »Konzentration« genannten Anweisungen, die Sie sich im Geiste geben (oder die Sie vom Leiter der Gruppe hören), befolgt sind. Die folgende kurze Einführung kann nicht ausreichen für einen wirklichen Einstieg in die AT-Praxis. Allein die Unterstufe zu beherrschen, mag Sie ein Jahr kosten.

Übungsfolge

• Nehmen Sie die Körperhaltung ein, die Ihnen angenehm ist, und beginnen Sie mit der ersten Konzentration. Sie lautet: »Ich bin ganz ruhig« (nicht: »Ich werde ganz ruhig«). Die zweite lautet: »Mein rechter Arm ist schwer« (sofern Sie Rechtshänder sind). Nach Ruhe und Schwere folgt nun: »Mein rechter (linker) Arm ist warm.«

Ruhe, Schwere, Wärme

Je nachdem, ob Sie, wie H. Schultz unterscheidet, ein »Quertyp« oder ein »Längstyp« sind, wird der jeweils gegenseitige Arm oder das gleichseitige Bein mit Schwere- und Wärmegefühl nachziehen. Nachdem Ihnen die Übungen, die Sie immer wieder langsam aufbauen, vertraut sind, wird die Formel »Ruhe – Schwere – rechte (linke) Seite warm« zur Einstimmung genügen. Schließlich ergänzen Sie: »Es atmet mich« oder »Es atmet in mir«.

Atem

• Sind Sie der erreichten Gelassenheit sicher, können Sie mit dem Aufbau eines »Wandspruchartigen Leitsatzes« anfangen, mit dessen Hilfe Sie lernen können, Störungen abzuschwächen oder auszuschalten. Die Lektüre des Buches bisher hat Ihnen gezeigt, daß es die Schutzmaßnahmen Ihrer Seele waren, die Ihnen im Verlaufe Ihres Lebens die Einengungen Ihres Blickfeldes oder die Schwächung Ihres Sehvermögens eingebracht haben – wie notwendig auch immer dies für Sie war. Eigentlich ist also nicht wichtig, wie Ihre Augen sich momentan verhalten, sondern vielmehr, daß Sie den Mut aufbringen, innerlich besser zu sehen. Ein geeigneter »Wandspruchartiger Leitsatz« – ein solcher wird immer zweiteilig formuliert – kann also sein: »Zustand der Augen gleichgültig, Hinsehenwollen wichtig.« Ihre Aufmerksamkeit wird vom Vorgang des Sehens weg zum Inhaltlichen verlagert. Die Arbeit mit Ihrem Leitsatz schließen Sie bitte jeweils an die Ruhe-Schwere-Wärme-Atem-Übungen an, damit Sie entsprechend körperlich entspannt und seelisch geöffnet sind.

Hilfe durch Leitsätze

Katathymes Bild-Erleben

Für diese psychotherapeutische Übung, entwickelt von H. Leuner, ist Voraussetzung, daß Sie sich in möglichst entspanntem Zustand befinden. Erfahrung mit Autogenem Training, zumindest Abschluß der Grundstufe, ist also sehr zu empfehlen. Die gleichen Bedingungen gelten für die Teilnahme an Psychodrama-Stizungen, über die wir Sie im nächsten Abschnitt informieren (→ Seite 45).
Das Katathyme Bild-Erleben kann vom Arzt als Einzelsitzung oder für die Gruppe angeboten werden. In einer Gruppe werden entweder

Gruppenarbeit

Patienten mit ähnlichen, oder Patienten mit unterschiedlichen Erkrankungen zusammengefaßt. Einmal wird das Wiedererkennen von sich selbst im Mitpatienten Trost und Hilfe bedeuten, zum anderen kann die Kenntnis von fremdem Leid (und damit von anderen seelischen Strukturen) das Hinaussehen über den eigenen Horizont fördern.
Das Katathyme Bild-Erleben ist eine Form der Phantasiereise. Der Gruppenleiter gibt eine Palette von Motiven vor, von denen sich die Gruppe eins auswählt. Allein daraus, wie diese Auswahl vor sich geht, kann der erfahrene Arzt erkennen, wer eher ein Zauderer oder eher ein Draufgänger ist. Jedes Gruppenmitglied macht sich nun in der Vorstellung auf seine eigene Reise. Die geschauten Bilder werden geschildert, und es wird besprochen, welche Erkenntnisse sich jeweils daraus gewinnen lassen. Die beliebtesten Motive sind »Wattwanderung«, »Osterspaziergang«, »Bergbesteigung«, »Botanischer Garten«, »Hausbegehung« und »Museumsbesuch«.
Kurzsichtige wünschen sich häufig die Wattwanderung, die keine besonderen Ansprüche an sie stellt. Im Haus umsehen möchten sich Teilnehmer mit Augenhintergrunderkrankungen (Stauungen und Schwellungen, die zu Trübungen führen). Sie haben meist von Jugend an vermieden, einen klaren Blick auf sich selbst, ihr Verhalten und ihre Umweltbeziehungen zu richten. Nun wollen sie vielleicht mehr wissen, das »Haus« in Augenschein nehmen, in dem sie sich eingerichtet haben. Menschen, die am Grünen Star (Glaukom) leiden, neigen dazu, sich durch die Bergbesteigung leistungsmäßig zu belasten. Sie gelten als perfektionistisch und erpicht auf Sicherheit, zu der ihnen ein hohes Leistungsniveau verhelfen soll. So wird eine eher ängstliche oder depressive Persönlichkeitsstruktur überdeckt.

Jeder wählt sich sein Motiv

Nach einer halben Stunde gemeinsamen »Tagträumens«, in dessen Verlauf jeder Teilnehmer spezifische Verhaltensweisen gezeigt und eigene Darstellungsformen entwickelt hat, schließt sich eine Besprechung der Bildinhalte und Erfahrungen an. Es dauert unterschiedlich lange, bis sich für den einzelnen Teilnehmer herauskristallisiert, welche Bedeutung dem »Fenster Auge« in seinem Fall zukommt.

Psychodrama

Gruppenarbeit

Diese integrative Methode, die pädagogische, sozial-, lern- und tiefenpsychologische Elemente in sich vereint, wurde von dem Wiener Arzt Jakob Levy Moreno entwickelt. Indem der Teilnehmer in eine Rolle schlüpft, wird er Partner (Moreno sagt: »Aktionsforscher«) im Experiment der Erforschung seiner eigenen zwischenmenschlichen Beziehungen und Interaktionen. Im Rahmen einer szenischen Darstellung auf einer »Bühne«, einem dazu bestimmten Teil des Raums, wird der »Protagonist«, das ist die Person, um die es geht, mit Hilfe seiner Mitspieler (»Hilfs-Iche«) und eines Spielleiters seinen eigenen Verhaltensweisen und denen seiner Nächsten nachspüren. Dabei spielt er sich entweder selbst oder läßt einen anderen Teilnehmer seine Rolle übernehmen oder übernimmt seinerseits die Rolle etwa seines Lebenspartners oder eines Elternteils. Bei der Aufarbeitung in einer dreiteiligen Abschlußphase, in der Protagonist und Teilnehmer schildern, wie es ihnen in den verschiedenen Rollen ergangen ist, beziehungsweise wie der Protagonist von außen erlebt wurde, kommt es oft zu spontanen Einsichten.

Körperarbeit nach Feldenkrais

Beweglich sein mit Körper, Geist und Seele

Die Feldenkrais-Methode, die mittlerweile auch in der Bundesrepublik sehr viele Freunde gefunden hat, ist eine entspannende Körperarbeit, die in ihrer Zielrichtung mit jener der klassischen Augenübungen übereinstimmt. Hier wie dort geht es vor allem darum, Verhaltensweisen, die sich von der Kleinkinderzeit an im Verlauf eines Lebens eingeschliffen haben, durch bessere zu ersetzen. Besser in dem Sinn, daß dem Muskelapparat wie auch dem Auge gezeigt wird, wie sie sich leichter, effektiver, ja fast möchte man sagen leichtfüßiger und tänzerischer bewegen können. Bisher verschlossene, »ungeahnte« Perspektiven eröffnen sich. Körper und Sehvermögen werden nicht mehr auf einengenden Bahnen festgehalten, von deren Vorhandensein der Mensch gleichwohl bis dahin bewußt keine Kenntnis hatte. Der Kernphysiker und Verhaltensphysiologe Moshé Feldenkrais, ein

Bewußtheit durch Bewegung

in Rußland geborener und als Fünfzehnjähriger nach Palästina ausgewanderter Jude, hat sein Lebenswerk unter das Motto »Bewußtheit durch Bewegung®« gestellt. Es handelt sich um ein umfängliches System von Körper- und mentalen (das heißt, in der Vorstellung auszuführenden) Übungen, zu denen der »Schüler«, dem bisher das ABC seines Leibes nicht recht geläufig war, seinen ganz persönlichen Zugang sucht. Eins der wichtigsten Elemente der Feldenkrais-Arbeit ist das Spüren, das Nachspüren der Wirkungen, die sich während des Übens und danach einstellen.
Es wächst eine feine und intuitive Kenntnis der Bewegungsabläufe und gegenseitigen Bedingtheiten im Körper. Plötzlich wird eine Kopfdrehung möglich, von der man schon sehr lange geglaubt hatte, man könne sie aus Rücksicht auf den Zustand seiner Nackenwirbelsäule nicht mehr ausführen. So kommt es, daß sich mit dem Fortschreiten der Lektionen zunehmend ein waches Körperbewußtsein entwickelt. Mit der Neuorientierung des gesamten Bewegungsapparates geht insgesamt ein Gefühl der Leichtigkeit und des Schwebens einher, das dann sehr stark auf die Seele zurückwirkt. In einem Teil seiner Übungen hat Feldenkrais die Bewegung der Augen einbezogen.

Atmen, entspannen, den Körper kennenlernen

Immer, wenn Sie Zeit haben

Diese ebenso einfache wie wohltuende Übung sollten Sie sich gönnen, so oft Sie eine halbe Stunde Zeit haben und wissen, daß keine Störungen zu erwarten sein werden. Freuen Sie sich darauf wie auf einen Blumenstrauß, den Sie sich selber schenken.
Legen Sie sich auf einer bequemen Unterlage auf den Rücken, die Beine locker und ganz leicht gespreizt, die Arme nicht zu nah am Körper. Sie werden selbst spüren, wie es am besten für Sie ist. Warten Sie ohne Ungeduld, bis Ihr Atem seinen natürlichen Rhythmus gefunden hat. Er wird von selbst tiefer, die Atemzüge werden länger. Ihr Gefühl ist achtsam ganz auf sich selbst gerichtet. Gehen Sie in der Vorstellung in Ihren Körper: Wie liegen die Beine, das Becken, die Schultern, die Halswirbelsäule, der Kopf? Was liegt schwer auf dem Boden und wo sind Spannungen, die Körperpartien brücken-

Langsam bewegen

artig hochziehen? Nun beginnen Sie mit der Spitze eines Fußes (am besten des Fußes, der zu der Seite mit Ihrem schlechteren Auge gehört) eine langsame Bewegung nach oben (Zehen und Ballen zum Körper) und nach unten (Zehen und Ballen weg vom Körper). Die Ferse bleibt liegen. Die Bewegung kann winzig sein, ist bei verspannten Menschen oft tatsächlich so winzig, daß sie von außen kaum wahrnehmbar ist.

In Ihrer Vorstellung »steigen Sie ein« in Ihren Fuß und sehen sich innen um. Langsam folgen Sie der Bewegung, die sich von der Spitze her nach oben fortsetzt. Sie verweilen in der Wade, im Knie, im Bereich des Hüftgelenks, zwischen Oberschenkel und Becken. Der Fuß bewegt sich im gleichen langsamen Rhythmus weiter. Wie viele Muskeln arbeiten zusammen, damit diese winzige Bewegung fortgleiten kann. Wo immer Sie haltmachen, es geschieht etwas: Vom Becken setzt sich die Bewegung fort über das Muskelnetz des Brustkorbs bis zum Schulterblatt. Der Arm beteiligt sich. Sie spüren, daß im Ellenbogen und in der Hand, die anscheinend still auf dem Boden liegt, auch Bewegung in Gang gekommen ist. Schließlich wandert Ihre Aufmerksamkeit über den Hals zum Hinterkopf, der ganz leicht in der Bewegung nach oben und unten mitrollt. Jetzt wissen Sie: Kleine Ursache, große Wirkung. Dies bewußt zu machen, dem Körper »zu wissen zu geben«, war das Anliegen von Moshé Feldenkrais.

Der Bewegung achtsam folgen

Zwanzig Minuten darf Ihre Reise durch eine Körperseite gut brauchen. Wenn Sie am Kopf angekommen sind, stellen Sie die Bewegung mit der Fußspitze ein. Spüren Sie nun erneut, wie Ihr Körper auf der Unterlage liegt: Sind Partien warm und schwer geworden, ist die Spannungsbrücke im Knie, im Kreuz und im Nacken weicher geworden? Machen Sie die Augen auf, erheben Sie sich (bitte nicht den Oberkörper durch harte Anspannung der Bauchmuskeln hochstemmen) und gehen Sie eine Weile langsam im Raum herum. Wie fühlt sich die eine, wie die andere Körperseite an? Was macht das Auge der Seite, die gearbeitet hat, und was das andere? Schauen Sie in den Spiegel, und sehen Sie sich Ihre Augen an. Sollten deutliche Unterschiede da sein: Seien Sie ganz beruhigt, die andere Seite wird nach einer Weile »nachgezogen« haben.

Was hat sich verändert?

Beweglichkeit von Kopf und Augen

Ausgang ist eine Sitzhaltung, die Feldenkrais in seinem Buch »Bewußtheit durch Bewegung« folgendermaßen beschreibt: »Setzen Sie sich auf den Boden. Stützen Sie den rechten Handteller auf den Boden. Das linke Bein liegt rückwärts, mit einer Innenseite am Boden, so daß der linke Fuß auf seiner Innen-, das heißt, seiner rechten Seite liegt. Beugen Sie Ihr rechtes Bein so, daß Ihre rechte Wade quer zu Ihrem Bauch vor Ihnen liegt, und daß Ihre rechte Fußsohle den linken Oberschenkel in der Nähe des linken Knies berührt.« Heben Sie den locker abgewinkelten Arm etwa auf Kinnhöhe. Nun drehen Sie Rumpf, Arm und Kopf nach rechts, während die Augen auf einen Punkt an der Wand gerichtet bleiben, das heißt, die Bewegung nicht mitmachen. Zwanzigmal sanft und langsam ausführen. Dann Arm sinken lassen und Pause machen. Zehnmal mit geschlossenen Augen ausführen und wieder Pause machen. Nun probieren Sie aus, ob sich der Drehungsradius erweitert hat. Wenn der angehobene Arm zittert, wurden zuviel unnötige Kraft und Willen eingesetzt. Spüren Sie, wie sich Ihr Nacken und wie sich Ihre Augen anfühlen.

Entspannt bewegen

Zifferblatt

Ausgang ist eine Rückenlage, die Moshé Feldenkrais für viele Übungen benützt (⟶ Foto Seite 2 und 3): Auf einer angenehmen Unterlage liegend, die Knie hochgezogen, die Fußsohlen auf dem Boden aufgestellt. Die Arme liegen locker rechts und links neben dem Körper. Spüren Sie Ihren Atem und »checken« Sie Ihren Körper durch: Wie liegen die Ferse, die Wade, das Becken, der Brustkorb, der Nacken, der Hinterkopf auf dem Boden? Becken leicht anheben, so daß eine Wölbung entsteht. Stellen Sie sich vor, auf dem unteren Teil Ihres Rückens wäre ein Zifferblatt aufgetragen: Die »Sechs« auf dem Steißbein, die »Zwölf« weiter oben auf der Wirbelsäule, die »Drei« über dem rechten, die »Neun« über dem linken Hüftgelenk. Nun heben Sie – langsam und sanft – die Beckengegend je zehnmal gezielt so an, daß jede »Stunde« einmal hochgehoben und wieder auf den Boden zurückgebracht wird. Zwischen den zwölf Übungen jeweils mit geschlossenen Augen ausruhen. Lassen Sie sich viel Zeit.

Spüren Sie Ihren Körper

Zeit lassen

Leistungsmäßig abgespult, bringt die Übung nichts. Spüren Sie, ob sich die Beckengegend hinterher wunderbar warm und locker anfühlt, und ob die Augen größer und beweglicher geworden sind.

Entspannung für Augen und Gehirn

Immer, wenn Sie Zeit haben

Wenn Sie eine Wartezeit zu überbrücken haben, ist dies eine wunderbare Übung, die Sie unbemerkt von anderen Menschen ausführen können. Sie sitzen entspannt, die Hände liegen offen, mit den Innenflächen nach oben, im Schoß. Stellen Sie sich vor, Sie führen einen Pinsel von der oberen Halswirbelsäule über die Kopfmitte zum Hals, bis zum Kehlkopf, immer hin und zurück, wobei Sie bei jedem Malvorgang etwas weiter nach außen, dem Ohr zu, rutschen und schließlich in der Ohrgegend in einer letzten kleinen Schleife landen. Lassen Sie diese Bewegung in Ihrer Vorstellung ganz langsam vor sich gehen, während Ihr Atem ruhig fließt. Sollten Sie allein sein, schaukeln Sie ganz leicht aus den Hüften mit dem Oberkörper hin und her. Die Augen bleiben geschlossen, bis die Übung zu Ende ist. Öffnen Sie dann die Lider und nehmen die Umgebung wahr, ohne Wertung, nur registrierend. Ist das Bild frisch und plastisch?
Gehen Sie zu einem Spiegel und schauen sich beide Augen genau an. Spüren Sie nach, wie sich Ihre beiden Kopfseiten anfühlen.

Bioenergetik

Körperarbeit und seelische Entwicklung

Der Rechtsanwalt Dr. Alexander Lowen lernte 1940 Wilhelm Reich kennen, den aus Österreich in die USA emigrierten Psychoanalytiker, der als erster der Körperarbeit eine maßgebliche Wirkung auf die seelische Entwicklung eines Menschen eingeräumt hatte. Reich sprach von Muskelpanzerungen, die ringförmig den Körper einengen und so das freie Fluten von Gefühlen blockieren. Löse man, argumentierte Reich, diese Muskelpanzerungen auf, müsse sich die energetische Aufladung des Körpers wieder harmonisieren und so ein positiver Einfluß auf die Seele erzielt werden. Erfahrungen aus seiner praktischen Arbeit gaben ihm recht.

Alexander Lowen, der ein Schüler von Reich wurde und später selbst als Psychoanalytiker arbeitete, entwickelte aus den teilweise unorthodoxen Vorstellungen seines Lehrers das System einer Körpertherapie mit starkem seelischem Bezug. Sie trat als »Bioenergetik« einen Siegeszug durch die USA und schließlich auch durch Europa an.

Sich selbst »entdecken«

»Eine abenteuerliche Selbstentdeckung« nannte Lowen selbst die Bioenergetik. »Sie will«, schreibt er in einem seiner grundlegenden Bücher, »den Menschen helfen, sich dem Leben und der Liebe zu öffnen. Das ist keine leichte Aufgabe. Das Herz wird von seiner knöchernen Bastion, dem Brustkorb, geschützt, und wer sich ihm nähert, muß starke psychologische und physische Sperren überwinden. Wenn wir dieses Ziel erreichen wollen, müssen wir diese Abwehrmechanismen verstehen und durcharbeiten.«

Lowen, der den Menschen als eng verbunden mit seiner Umwelt sieht, nennt als »periphere Kontaktpunkte zur Welt« die Augen, die Hände, die Füße und das Geschlechtsorgan. Basis für viele Übungen der Bioenergetik ist das »Erden«. Es durchbricht Blockaden des Gefühlsflusses zu diesen Kontaktpunkten und steigert generell die gefühlsmäßige Aufladung. Vor allem die Augen werden energetisch aufgeladen, was zu verbessertem Sehvermögen führt. Da Lowen den Blickaustausch zwischen Menschen für existentiell wichtig hält, sieht er in dem »Strahlen und Glänzen der Augen«, das sich nach Bioenergetik-Übungen einstellt, eine Botschaft an die Umwelt. Sie löst wiederum positive Botschaften aus, die zurückfließen und die Aufladung dessen, der »gesendet« hat, weiter verstärken.

Bioenergetik greift von den vier vorgestellten Methoden am nachhaltigsten ein, und zwar in die unbewußte Ebene der Verdrängung. Es kann deshalb zu starken emotionellen Reaktionen kommen.

Wichtig

Bitte beachten Sie: Die Atemübung, das »Erden«, das »Wegstrampeln von Aggressionen« und das »Fallen« sollten Sie nur machen, wenn Sie zum einen sich als seelisch gefestigt ansehen dürfen und wenn Sie zum anderen einigermaßen sportlich und vertraut mit Ihrem Körper sind. Lesern, die keine Therapieerfahrung haben, vor allem den älteren unter ihnen, empfehlen wir, unter behutsamer Führung in einer Gruppe mit dem Praktizieren von Bioenergetik zu beginnen.

Atemübung nach Wilhelm Reich

Verspannung spüren

Die Definition »Übung« ist in diesem Fall nicht ganz zutreffend. Es wird weniger etwas geübt im Sinne von Einübung, als vielmehr der Atem benutzt, um emotionelle Blockaden, die als Muskelverspannungen ihren körperlichen Ausdruck gesucht und gefunden haben, zu spüren und zu lösen. Sie sollten für diese Atemarbeit allein oder allenfalls mit einem sehr vertrauten Menschen zusammen sein, denn es ist sehr, sehr wichtig, daß Sie sich keinerlei Zwang auferlegen, wenn es Ihnen danach zumute ist, zu stöhnen, zu seufzen oder irgendwelche Laute herauszulassen, die aufsteigen und sich über Ihre Kehle und Ihren Mund Bahn brechen wollen. Gehen Sie »weich« an diese Übung, voller Liebe und tiefem Verständnis für sich selbst. Seufzer, die Sie unterdrückt, sehnsuchtsvolles Stöhnen, das Sie sogar vor sich selbst verborgen haben, Tränen, die niemals geweint werden durften – all dies mag Sie mit Macht bedrängen. Gönnen Sie sich einen solchen Ausbruch. Er steht am Anfang von allem Loslassen. Es geschieht nichts anderes, als daß Sie nun erkennen, in welchem Maße Sie sich »hart« gemacht, in welchem Maße Sie sich selbst Scheuklappen verordnet haben, um an den meisten Bedürfnissen Ihres Wesens mit seinen zahllosen Facetten vorbeizusehen, weil Sie glaubten, ihnen kein Recht zugestehen zu dürfen.

Verspannung lösen

Legen Sie sich bequem auf eine weiche Unterlage, wenn es Ihnen lieb ist, auch auf Ihr Bett. Stellen Sie die Beine locker auf, die Knie nach oben und die Fußsohlen auf der Unterlage. Atmen Sie durch den Mund im natürlichen Rhythmus – nicht hecheln! Die Kinnladen dürfen sich entspannen und sich öffnen. Der Atem wölbt die Brust und den Leib, entweicht hörbar und bald mit einem sich steigernden Stöhnen. Spüren Sie Ihren ganzen Körper, spüren Sie das Energiefeld, das ihn umgibt, und spüren Sie, wo die Spannungsringe sitzen. Registrieren Sie: »Ah, da ist es«. Mehr nicht. Sie werden im Laufe der Zeit damit zu arbeiten beginnen. Lassen Sie alles an Gedanken, Bildern und Gefühlen aufsteigen, was sich zeigen will. Nehmen Sie nicht Stellung, registrieren Sie auch hier nur. Nichts Bedrohliches kann Ihnen geschehen, wenn Sie da in der Geborgenheit Ihres Zimmers auf Ihrem Bett liegen.

Alles annehmen – nichts bewerten

Wenn Gefühle von Angst auftauchen, ist es einmal die Angst, die Sie früher verdrängt haben, und zum anderen die Angst, Sie könnten mit unbekannten Teilen Ihres Ich nicht umgehen oder ohne Ihre Panzerung vor sich selbst und Ihren rationalen Ansprüchen nicht bestehen. Es ist aber nur der Reif aus dem Märchen vom Forschkönig, der sich ächzend lockert, bereit abzufallen, wenn Sie es wirklich wollen. Beenden Sie die Übung, wenn Sie glauben, daß es für dieses Mal genug sei. Schließen Sie den Mund, atmen Sie nun still durch die Nase, und öffnen Sie die Augen. Möglicherweise ist es ein anderes, helleres Licht, in dem Sie Ihre vertraute Umgebung sehen. Bleiben Sie noch eine Weile wohlig liegen.

Bioenergetisches Erden

Stellen Sie sich etwas breitbeinig auf, die Zehen leicht nach innen gerichtet. Lassen Sie ein Gefühl der Schwere zu. Stehen Sie wirklich »mit Ihren zwei Beinen auf dem Boden«, wie es die Redensart verlangt. Lassen Sie eine Weile den Atem natürlich kommen und gehen, wie er mag, und hängen Sie keinem Gedanken nach, der sich aufdrängen will. Nun beugen Sie sich nach vorne, bis Ihre Fingerspitzen den Boden berühren. Die Fersen heben Sie ein wenig an und beugen die Beine in den Kniekehlen ganz leicht nach vorne. Bald werden Ihre Beine zu zittern beginnen. Lassen Sie es zu. Lassen Sie dies Zittern Ihren ganzen Körper in Besitz nehmen, während Sie den Atem durch den Mund in Ihren Leib holen und stöhnend wieder entweichen lassen. Das Zittern mag sich zu einem leichten Schütteln des ganzen Körpers steigern. Zusammenhängende Gedanken sind nun nicht mehr da. Sie sind für eine kurze Weile ganz Ihr Körper, sind ganz Spüren und Fühlen. Haben Sie je einen Hund oder ein Pferd beobachtet, wie sie sich schütteln? Und wie zufrieden sie danach aussehen? Wenn das Zittern in Ihrem Körper abgeebbt ist, richten Sie sich auf. Sie werden sich sehr gut fühlen und voller Tatendrang, geerdet und aufgeladen.

Nur noch Körper sein

Fallen lernen

Die Kontrolle aufgeben

Weil die meisten Menschen Angst davor haben, die Kontrolle über ihren Körper und damit insgesamt über sich selbst zu verlieren, fürchten sie sich vor dem Fallen, auch dann, wenn sie sicher sein können, sich keine Verletzungen zuzuziehen. Dieser Gedanke ist einer der Kernpunkte, mit denen Alexander Lowen arbeitet. »Laß Dich fallen« wird in zahlreichen Therapien gefordert, aber in der Bioenergetik wird es praktiziert. Der Körper lernt, was Fallen bedeuten kann, und die Seele erfährt, daß das Fallenlassen gleichbedeutend ist mit dem Hintersichlassen zwanghafter Verhaltensweisen. Das Neue kann dann »gesehen« und angenommen werden.

Wichtig: die weiche Unterlage

Bereiten Sie sich eine sehr dicke, weiche Unterlage auf dem Boden vor. Stellen Sie sich mit dem Gesicht zur Unterlage an deren Rand auf, so daß Sie, wenn Sie fallen, auf diese Unterlage zu liegen kommen. Lassen Sie den Atem fließen und die Gedanken ruhiger werden. Beugen Sie ein Bein deutlich im Knie ab, und verlagern Sie das Gewicht auf dieses eine Bein, während Sie mit dem großen Zeh des anderen Beines den Boden berühren, doch nur, um die Balance zu halten. Konzentrieren Sie sich intensiv darauf, auf diesem Bein stehenzubleiben und nicht zu fallen. Nach einer längeren oder kürzeren Weile, je nachdem wie trainiert Sie sind, werden Ihr Bein und dann Ihr Körper insgesamt vor Anstrengung zu zittern beginnen. Sprechen Sie oder rufen Sie, was immer sich Ihnen aufdrängt: »Ich will stehenbleiben« oder »Ich will nicht fallen«. Lowen selbst hat die Erfahrung gemacht, daß die Patienten oft riefen: »Ich will nicht versagen.« Es kommt aber der Augenblick, da Sie fallen. Lassen Sie sich von Ihren Gefühlen überfluten, wenn Sie schließlich auf der Decke liegen. Wiederholen Sie die Übung noch zwei- oder dreimal, wenn Sie glauben, daß diese einen hilfreichen Durchbruch bringen kann.

Gefühle zulassen

Bleiben Sie zuletzt auf der Decke liegen, und versuchen Sie, sich zu erinnern – registrierend, nicht wertend – , was Sie empfunden haben vor und nach dem Fallen. Es ist wichtig, die Angst loszuwerden, man könnte die Kontrolle über sich verlieren. Frei zu sein für das, was im nächsten Augenblick kommt, verschafft den Augen Lebendigkeit und Beweglichkeit. Sie »dürfen« nun selbst in »geheime Ecken« sehen.

Die Angst loswerden

Aggressionen »wegstrampeln«

Dies ist eine Übung aus der Bioenergetik, die bei aktuellem Anlaß weiterhilft. Wir kennen den Ausdruck »Blinde Wut«, lesen gelegentlich in der Literatur »Der Zorn verdunkelte seine (ihre) Augen« oder hören gar von »blindwütiger Raserei«. Kurzsichtige Menschen werden davon zwar weniger betroffen sein, aber auch nur deshalb, weil sie gelernt haben, Emotionseinbrüche in ihrem Leben mit Hilfe der Organsprache ihrer Augen »abzupuffern«. Tauchen bisher nicht gekannte heftige Reaktionen auf, ist das also eher ein Grund zur Freude. Für die einen ist diese Übung also geeignet, die Wut aufzulösen, die meist nichts anderes ist als ein hilfloses Anrennen.

Sich über Gefühle freuen

Die anderen, die langsam wieder ihre Gefühle entdecken, können sie mit Hilfe dieser Übung direkt dynamisch umsetzen und müssen sie nun nicht mehr »herunterschlucken«. So kann der Verdrängungsmechanismus unterbrochen werden.

Legen Sie sich auf einer Decke auf den Rücken. Der Atem fließt, während Sie jedoch diesmal bei Ihren Gedanken ansetzen und nachspüren, was es war, was sie »gekränkt« hat und wogegen Sie nun wüten. Heben Sie die Beine an, und beginnen Sie, in die Luft zu treten. »Schimpfen« Sie regelrecht dabei, schreien Sie Ihr Gegenüber an, und lassen Sie dem, was dabei in Ihnen nach außen drängt, freien Lauf. Es mag sein, daß Sie plötzlich erkennen, daß Sie selbst es waren, der die Kränkung herausgefordert hat. Sobald Sie das wissen (oder wenn Sie es bereits vor Beginn der Übung wußten), ist es Zeit zur Reinigung. Stoßen Sie nach Kräften mit den Beinen in die Luft, und rufen Sie jeweils beim Ausatmen lösende Worte aus wie »Weg, weg« oder »Raus, raus«. So gelangen Störungen Ihres energetischen Feldes über Beine und Atem aus Ihrem Körper. Schließlich werden Sie »außer Atem«, aber innerlich ruhig und entspannt sein. Bleiben Sie noch eine Weile auf der Decke liegen, und spüren Sie diesem Zustand nach. Was hatte sich in Ihnen festgesetzt, auf das Sie nun durch eine von außen kommende Kränkung aufmerksam geworden sind?

Reinigung

Yoga

Einheit von Körper, Geist und Seele

Die drei bisher beschriebenen Entspannungsmethoden sind Kinder dieses Jahrhunderts. Ihre Entwicklung wurde möglich, als sich, nach einer Zeit der strikten Trennung, die Rückbesinnung auf die Einheit von Körper, Geist und Seele anbahnte. Zumindest von Wilhelm Reich und Moshé Feldenkrais ist bekannt, daß in ihre Vorstellungen uraltes asiatisches Wissen von der Ganzheitlichkeit von Mensch und Kosmos und von einer universell wirkenden Energie eingeflossen sind. Konkret niedergelegt ist dieses Wissen in den Lehren der Yogis. Sie enthalten sowohl einen Weg für den Menschen, dieses Wissen zu verinnerlichen, als auch sich mit seiner Hilfe körperlich, geistig und seelisch zu entwickeln. In den Upanishaden und der Bhagavad Gita, den großen indischen Weisheitsbüchern, sind gleichermaßen esoterische wie handfeste praktische Anleitungen enthalten. Fest steht, daß zumindest um 3000 vor Christus bereits Yoga als Pfad der Entwicklung des ganzen Menschen praktiziert wurde. Körper, Geist und Seele sollten, einander durchdringend, dem Licht der Erleuchtung entgegengeführt werden. Yoga heißt schlicht »Vereinigung«. Yogaübungen sind Atemübungen (Pranayama), Körperübungen (Asanas) und Meditationen, die meist im Sitzen ausgeführt werden.

Yoga – auch für westlich geprägte Menschen

Es gibt mittlerweile eine Yoga-Pädagogik, die in sehr guter Weise auf die inneren und äußeren Bedingungen des westlichen Menschen zugeschnitten ist. Das Anliegen der Yoga-Lehre, der Einzelne möge erkennen, wie weit sein Leben Täuschung und Illusion (genannt »Maya«) ist, und sich von diesen zu befreien, treffen wir in westlichen Methoden der Selbsterfahrung und Entspannung gleichfalls an.

Ein Weg zu geistiger Klarheit

Wir erfahren, daß wir selbst uns einengen, unser Bild von uns und unserer Umwelt willkürlich beschneiden. Der Unterschied zwischen Yoga und den westlichen Techniken besteht darin, daß Yoga, konzentriert und in der »rechten inneren Haltung« praktiziert, langsam zur Entwicklung von »Geistesklarheit« führt, einem für Buddhisten und Hindus existentiell wichtigen Vorgang. Die mögliche Seelenpein des Einzelnen hat dort einen anderen Stellenwert als bei uns, da sie a priori als »Illusion« erkannt ist. Die Ausübung von Yoga wird also niemals emotionelle Aus- und Aufbrüche mit sich bringen, während etwa in der Bioenergetik genau dies angestrebt wird.

Kurz ein Wort zu den Übungszeiten: Gute Zeiten sind morgens vor dem Frühstück und am Abend vor dem Schlafengehen. Sie sollten möglichst mindestens drei Stunden nichts mehr gegessen haben, da der volle Magen beschwert und auch aus der Peripherie des Körpers zuviel Energie abzieht, die er zur Verdauung braucht.

Vollkommene Entspannung (Anandasan)

Dem Atem folgen

Legen Sie sich auf einer Unterlage auf den Rücken, Beine etwas auseinander, Zehenspitzen nach außen, Arme locker neben dem Körper, Handflächen nach oben zum Zeichen der inneren Öffnung, Augen geschlossen, Lider entspannt. Folgen Sie nun im Geiste Ihrem Atem, im Einatmen vom Nabel zur Kehle, denn der Atem füllt den Leib vom Bauch aufwärts bis zu den Lungenspitzen, und im Ausatmen von der Kehle vom Nabel, während sich zuerst die Höhlung des Brustkorbs und dann des Bauches wieder senkt. Spüren Sie Ihren Körper vor allem bei der Ausatmung. Sie sollte länger dauern als die Einatmung, man rechnet zwei Drittel zu einem Drittel. Um ein Gefühl dafür zu bekommen, können Sie »eins, zwei« beziehungsweise »eins, zwei, drei« zählen. Lassen Sie sich Zeit für diese Übung, und stehen Sie nach der Beendigung bitte nicht abrupt auf, sondern nehmen Sie zunächst eine seitliche Sitzstellung ein und erheben sich dann.

Zählen hilft

Drei Asanas

Diese drei Übungen, täglich einmal ausgeführt, sorgen für verstärkte Durchblutung und Beweglichkeit von Becken und Nacken. Positive Auswirkungen auf die Augen sind die Folge. Bei allen Übungen sollten Sie für einige Minuten (maximal fünf) die Stellung beibehalten.

Wichtig

Bitte beachten Sie: Bei hohem Blutdruck, einem Schulter/Nackensyndrom und Neigung zu Schwindel sollten Sie nicht allein üben, sondern sich einem Kurs bei einem behutsam vorgehenden Lehrer oder einer Lehrerin anvertrauen.

Pflug

Aus der Rückenlage führen Sie beide Beine langsam nach oben und hinter den Kopf, bis die Zehen den Boden berühren. Die Arme bleiben ausgestreckt liegen. Versuchen Sie, jedesmal wenn Sie üben, das Becken ein wenig höher nach oben zu schieben.
Nach Beendigung langsam über die Wirbelsäule abrollen, bis die Beine wieder auf dem Boden liegen.

Kopf-Knie-Stellung (einfache Form)

Im Fluß des Atems üben

Setzen Sie sich mit aufrechtem Oberkörper und gerade ausgestreckten Beinen auf eine Unterlage. Mit den Gesäßknochen sollten Sie den Boden spüren. Heben Sie im Einatmen die Arme neben den Kopf, und bewegen Sie im Ausatmen Oberkörper und Arme, die in der Position neben dem Kopf geblieben sind, nach vorne, und zwar ganz unten aus dem Becken heraus. Der untere Teil der Wirbelsäule streckt sich dabei. Wenn Sie fortgeschritten sind, werden Sie den Oberkörper auf die Beine legen können. Die Zehenspitzen bleiben die ganze Zeit nach oben gestreckt.

Schulterstand

Es geht auch einfacher

Gemeint ist die »Kerze«, die Sie möglicherweise vom Schulsport her kennen. Kommen Sie aus der Rückenlage mit den Beinen nach oben, bis Ihr Körper, auf den Schultern liegend, eine Säule bildet. Stützen Sie dabei mit den Händen Ihren Brustkorb.
Wenn Sie Probleme mit der Nackenwirbelsäule haben, sollten Sie es zunächst mit der »halben Kerze« versuchen. Dabei bleibt der obere Teil des Brustkorbs auf dem Boden liegen. Im Schulterstand sehen wir die Welt von unten, das heißt, aus dem entgegengesetzten Blickwinkel als üblich. Wenn Sie sich ein Mantra wählen (→ Seite 41), etwa »Ich sehe alles ganz anders«, verstärken Sie den Effekt der neuen, überraschenden Sicht.
Wenn Sie schon etwas älter sind und feststellen, daß es Ihnen möglicherweise Gewinn bringt, körperlich und geistig beweglich zu

bleiben oder wieder beweglich zu werden, ist Yoga eine sehr gute Methode. Es gibt einfach auszuführende Abwandlungen, auf denen dann stufenweise aufgebaut werden kann. Ein Kurs der Volkshochschule oder in einem Yogainstitut ist sehr zu empfehlen.

Aufwärmübungen

Hier einige Beispiele wie man sich »aufwärmen« und wie man die Kopf-Knie-Stellung variieren kann.

Langsame, sanfte Bewegungen

• Strecken Sie im Stehen oder Sitzen auf einem stabilen Stuhl die Arme nach vorne aus. Im Ausatmen drehen Sie Kopf und Körper (im Sitzen Oberkörper ab der Hüfte) nach rechts. Im Einatmen kommen Sie zurück zur Mitte, um dann im erneuten Ausatmen die gleiche Bewegung nach links zu machen. Achten Sie auf sanfte, langsame Bewegungen und sanften, langsam fließenden Atem.

• Stellen Sie sich mit leicht gegrätschten Beinen auf, die Arme seitlich am Körper. Im Ausatmen schwingen Sie die Hüfte nach rechts, im Einatmen zurück zur Mitte und im Ausatmen nach links. Wiederholen Sie die Übung zehnmal und machen dann eine Pause, während Sie langsam einige Schritte gehen.

• Wiederum im Stehen mit leicht gegrätschten Beinen heben Sie beide Arme hoch über den Kopf. Im Ausatmen beugen Sie sich nach rechts, so daß sich Ihre linke Seite streckt, und im Einatmen kommen Sie zur Ausgangsstellung zurück. Dann wiederholen Sie, wiederum im Ausatmen, das gleiche auf der anderen Seite.

• Kopf-Knie-Stellung, wenn es schwer fällt, auf dem Boden zu sitzen: Setzen Sie sich auf einen stabilen Stuhl, und lassen Sie den Atem fließen, während eventuelle Spannung von Ihnen abfällt.

Mit dem Atem bewegen

Nun beugen Sie sich im Ausatmen aus dem Becken und mit sich streckender unterer Wirbelsäule nach vorne, bis Sie den Boden mit den Händen berühren. Atem kurz anhalten und im Einatmen langsam wieder hochkommen.

Machen Sie die Übung dreimal und fassen beim vierten Mal, wenn Sie mit den Händen am Boden angelangt sind, einen Fuß mit beiden Händen und strecken sich, während der Fuß mitgenommen wird, nach vorne und dann, soweit es geht, nach oben. Wiederholen Sie das gleiche mit dem anderen Bein. Haben Sie Freude an der Übung, auch wenn es zunächst ein wenig »ziepst«. Wenn Sie regelmäßig üben, hört das »Ziepsen« auf, und Sie gewinnen zunehmend an Beweglichkeit.

Klassische Augenübungen

Palmieren

Zwischendurch – zur Erholung

Das ist ein unerläßlicher Begleiter aller Augenübungen. Machen Sie es immer wieder und zu jeder Zeit, auch ohne weitere Übungen, zur Erholung und nach jeder Anstrengung im Beruf.
Legen Sie die Hände mit geschlossenen Fingern und leicht gewölbten Handflächen über die Augen, so daß die Fingerkuppen auf der Stirn und die Außenkanten der kleinen Finger entlang der Nase zu liegen kommen. So deckt eine dunkle Höhlung, die die Umwelt ausschließt, die Augen ab. Sie, die Augen, dürfen nun nach innen sehen, sich an ihrer eigenen, großen Kraft wieder aufladen.
Das Ihnen vielleicht nicht vertraute Wort Palmieren wird vom lateinischen *palma*, die Handfläche, abgeleitet.
Wenn Sie eine glückliche Hand mit sich selbst haben, werden Sie mit jedem Palmieren bald auch Ihrer oft überanstrengten Seele eine kleine Erholungspause gönnen.

Langes Schwingen

Stellen Sie sich mit leicht gespreizten Beinen auf, die Füße stehen schwer mit dem Gefühl der guten Erdung. Lassen Sie den Atem fließen, bis die Tagesanspannung nachläßt.

Der Blick »schwingt« mit

Beginnen Sie, sanft aus den Hüften einen Halbkreis zu schwingen, ohne daß Arme oder Kopf selbständig die Bewegung aufnehmen und verstärken. Die Augen gleiten ruhig mit. Die Lider sind entspannt. Bleiben Sie nicht mit den Augen an einem Punkt hängen und blockieren dadurch die Bewegung oder lassen das Schwingen zu einem automatischen Ablauf werden. Spüren Sie dieser und allen folgenden Übungen nach. Welche Wirkungen haben sie in Ihrem Körper und auf Ihre Augen?

Kurzes Schwingen nach Lisette Scholl

Sie sitzen auf einem Stuhl, die Füße gerade auf dem Boden, die Wirbelsäule aufgerichtet. Lassen Sie den Atem fließen. Stellen Sie sich einen Pinsel an der Nasenspitze vor, mit dem der Raum und Teile der Gegenstände überpinselt werden, während der Körper gleichmäßig hin und her schwingt. Öffnen Sie die Augen gelegentlich, nehmen Sie Ausschnitte wahr, und erinnern Sie sich nach dem erneuten Schließen der Lider an das Gesehene. Auch dies wird dann wieder in Ihrer Vorstellung übermalt. Wählen Sie Farben, die Sie gern mögen. Lassen Sie sich nicht einlullen durch die gleichmäßige Bewegung.

Achten Sie darauf, ob Ihre Fähigkeit zur Visualisierung zunimmt.

Spielerisch üben

Üben Sie das Erinnern an ein Bild gelegentlich »einfach nur so«. Sie fördern damit die Zusammenarbeit zwischen Hirn und Augen. Nehmen Sie einen Anblick in sich auf – Sicht aus dem Fenster, Blick bei einer Wanderung –, schließen Sie die Augen, und holen Sie sich das Bild zurück vor Ihr inneres Auge.

Menschen, die dies mit höchster Präzision der Wiedergabe vermögen, nennt man »Eidetiker«. Der Begriff leitet sich vom griechischen *eidese* her, was bildhaftes Erleben und subjektive Bildanschauung bedeutet, also durchaus einen leibseelischen Vorgang meint.

«Peitsche« – verbessert die Anpassungsfähigkeit der Augen. Die Hand, auf die sich das nicht abgedeckte Auge eingestellt hat (links), langsam heranführen (rechts), danach schnell wieder wegschieben, zurück in die Ausgangposition (links).

»Peitsche«

Mit dieser Übung wird die Akkomodation der Augen gefördert, das heißt, ihre Fähigkeit, sich auf eine bestimmte Entfernung einzustellen (→ Foto oben).

Halten Sie mit einer Hand das Auge der Gegenseite zu (Hand locker auflegen, Augapfel nicht berühren). Die andere Hand halten Sie bei ausgestrecktem Arm in Augenhöhe, als wollten Sie darin lesen.

Dann holen Sie die Hand langsam zum offenen Auge, wobei Sie auf Veränderungen (schärferes oder unscharfes Aussehen) achten.

Ein auf den Handballen gemalter Punkt mag Ihnen dabei helfen.

Dann ziehen Sie die Hand schnell weg bis zur Ausgangsposition.

Nicht zu lange üben

Machen Sie diese Übung nur einige Male, da sie sehr anstrengend für die Augen ist. Erfühlen Sie danach das freie Spiel der Augäpfel in ihren Höhlen.

Daumen-Fusion

Mit dieser Übung werden die Augenmuskeln trainiert (→ Foto Seite 63). Es ist wichtig, daß die Augen in der Lage sind, so gut zusammenzuarbeiten, daß sie sich rasch und selbstverständlich auf jeden beliebigen Brennpunkt einstellen können.
Strecken Sie, im Sitzen oder Stehen, Ihre Arme leicht gebeugt nach vorne und stellen Ihre Daumen parallel nebeneinander nach oben. Die Hände bilden Fäuste, die Fingerknöchel berühren einander fast. Schauen Sie ein paar Atemzüge lang auf die Daumen, und verschieben Sie dann die eine Hand vom Körper weg, so daß eine Staffelung entsteht. Ihr Blick wechselt vom näheren zum entfernteren Daumen. Schließlich taucht ein dritter Daumen als Phantom auf.

»Spielen« Sie mit dem Phantom

Spielen Sie mit ihm, indem Sie ihn verschieben. Nach einiger Übung können Sie mit den Augen den Phantomdaumen für eine Minute halten, während Sie Ihre echten Daumen längst weggezogen haben.

»Blitzen« vor einer Lampe oder in der Sonne

Setzen Sie sich entspannt in die Sonne oder vor eine helle Lampe. Halten Sie Ihre Hände mit gespreizten Fingern voreinander in Augenhöhe. Abstand zu den Augen etwa zehn Zentimeter. Bewegen Sie die Hände bei geöffneten Augen auf und ab, so als würden Jalousien auf- und zugezogen. Es entsteht die Wahrnehmung von bunten Lichtblitzen. Auch diese Übung nur kurze Zeit ausführen, um die Augen nicht zu sehr anzustrengen. Sie werden feststellen, daß die Übung rasch, aber nicht immer länger anhaltend das Sehvermögen verbessert.

Sonnenbaden

Bieten Sie der Sonne für eine Weile Ihre geschlossenen Augen dar. Wenden Sie den Kopf von der Sonne ab, und schauen Sie zum

Freuen Sie sich am Licht

Himmel, so daß Sie nur seine Helligkeit, nicht jedoch die Sonne sehen. Freuen Sie sich am Licht des Himmels. Schließen Sie die Augen und wenden sich wieder der Sonne zu. Nun öffnen und

Daumen-Fusion –
trainiert die Augenmuskeln.
Auf die senkrecht nebeneinander gehaltenen Daumen schauen, eine Hand etwas wegschieben, mit dem Blick mehrmals zwischen dem näheren und dem entfernteren Daumen wechseln, bis ein dritter als »Phantom« erscheint.

schließen Sie die Augen mehrere Male. Bitte locker blinzeln und nicht die feinen Muskeln um die Augen zusammenziehen. Sie versuchen nur gewohnheitsmäßig, Ihre Augen vor dem Licht zu schützen. Seien Sie sicher: In solchen kleinen Dosen schadet es Ihren Augen nicht, sondern macht sie leistungsfähiger und bereit, strahlende Helligkeit zu akzeptieren. Letztlich sucht auch Ihre Seele Helligkeit. Verschließen Sie davor nicht Ihre Augen, haben Sie Mut, Licht in dunkle Nischen fallen zu lassen.

Visualisieren

Phantasiereisen

Nehmen Sie die »einfache Meditationshaltung« ein, von der schon die Rede war (⟶ Seite 38), und lassen Sie den Atem fließen. Suchen Sie sich ein Thema für Ihre Reise. Es genügt als Ausgang die Vorstellung einer Wiese, eines Baches, eines Baumes, eines Ausschnittes aus einer Ihnen bekannten Ferienlandschaft. Sie werden erstaunt sein, was alles Ihre Phantasie vor Ihr inneres Auge zaubert. Sehen Sie ganz genau hin.

Wenn sich immer wieder ähnliche Szenen einstellen, in denen stets dieselben Menschen auftauchen, sollten Sie den Rat eines Fachmannes, etwa eines Psychologen oder Psychotherapeuten, suchen, der Ihnen hilft, die Szenen zu entschlüsseln.

Was hilft Ihnen?

Wenn die Technik der Visualisierung vertraut ist, kann auf Themen umgestellt werden, die den Augen helfen: Der Weitsichtige macht Entdeckungen von Mustern und Farben in winzigen Kristallen oder in Blüten, der Kurzsichtige weitet den Horizont immer mehr aus und erkundet das Land. Bei stark unterschiedlicher Sehkraft der beiden Augen können der zum »schlechteren« Auge gehörenden (gegenseitigen) Hirnhälfte trainierende Aufgaben gegeben werden: Großzügige, farbige Muster, die sich zu räumlichen Bildern zusammenfinden, oder auch phantasievolle Wasserspiegelungen tun der rechten Hirnhälfte wohl, während die Mitarbeit der linken durch genaues Verfolgen der Details feiner, vielgestaltiger Formen angeregt wird.

Übungen für die Seele

Hinsehen lernen bei allem, was plötzliche, unerwartete emotionelle Impulse auslöst: ein Gefühl von Erschrecken, Angst, Aufgewühltsein. Was hatten Sie »gesehen«, leiblich vor sich oder vielleicht vor Ihrem inneren Auge beim Lesen? Eine zärtliche Szene zwischen Mann und Frau, ein Kind, das liebkost wird? War da etwas, das Ihnen weh tat? Wünschten Sie, es wäre Ihnen geschehen? Ist es eine verlorengegangene Erinnerung? Haben Sie etwas nicht sehen wollen, und Ihre Augen gehorchten?

Gefühle »ins Auge fassen«

Haben Sie keine Angst vor Gefühlen, »fassen Sie Ihre Gefühle ins Auge«, wo immer sich Gelegenheit dazu bietet. Aldous Huxley empfiehlt, so viel wie möglich ins Kino zu gehen, um die inneren und die äußeren Augen zu trainieren. Es dürfen ruhig »rührselige« – Sie berührende – Filme sein. Weinen Sie sich aus nach Herzenslust. Weinen tut den Augen und der Seele gut.

Empfehlenswerte Sportarten

Zur Auswahl

Ballspiele: Weg des Balls mit den Augen verfolgen; Golf und Tennis: Entspannung und Anspannung, Schwung aus der Hüfte, räumliches Sehen; Wandern: Natur anschauen, in der Nähe die Blüten am Wegrand und in der Ferne eine Horizontlinie, dabei nicht dauernd sprechen; Angeln: bei Schwäche des linken Auges viel ins Wasser sehen (Verkörperung des weiblichen Elements); Radfahren, dabei das Auge über die Landschaft schwingen lassen, kein stumpfes Kilometerfressen; Reiten: Lösung des Beckenpanzers, analoge Kommunikation mit einem Tier, Achtsamkeit und Augen werden »geschärft«, da alles rascher gesehen werden muß, als das Pferd es sieht; Bauchtanz: Becken und Hüften lockern sich, weibliches Element wird gefördert; Bogenschießen: Zen-artige Konzentration, männliches Element wird gefördert.

Das Augen-Tagebuch

Ein Tagebuch zu führen, ist ein hervorragendes Mittel, sich mit sich selbst, seinem Verhalten, seinen Gefühlen und seinen Reaktionen auseinanderzusetzen. Ganz davon abgesehen, daß es Spaß macht, in alten Tagebüchern zu schmökern und sich amüsiert oder betroffen zu fragen, »Ach, so habe ich das damals gesehen?«. Andererseits ist bekannt, daß nicht wenige, die ein Tagebuch führen, es beim Niederschreiben belassen und nie wieder einen Blick auf ihre Texte werfen. Andere wiederum haben niemals das Bedürfnis, schriftlich über sich Rechenschaft abzulegen, oder sie beginnen damit in krisenhaften Phasen ihres Lebens und vergessen ihre Eintragungen dann wieder, um Monate oder Jahre später zufällig darüber zu stolpern.

Sinnvolle Hilfe

Wenn Sie zu den Menschen gehören, die regelmäßig Eintragungen in ein Tagebuch machen, dürfte es Ihnen nicht schwerfallen, augenbezogene Informationen zusätzlich aufzuzeichnen. Vermerken Sie Zeiten, in denen Sie besonders verschwommen oder unscharf, und Zeiten, in denen Sie überraschend gut gesehen haben. Aber vergessen Sie nicht, sich Notizen über Erlebnisse und allgemeine

Sie können Zusammenhänge besser erkennen

Stimmungslage ebenfalls zu notieren, denn es ist wichtig, Zusammenhänge und möglicherweise Zyklen herauszufinden. Welche Übungen Sie gemacht haben und wie Ihr Befinden danach war, sollten Sie ebenfalls niederschreiben. Vor allem aber alles, was als ein sogenanntes Aha-Erlebnis auf Sie zugekommen ist. Wann und unter welchen Umständen hat Sie blitzartig etwas besonders angerührt oder sogar aufgewühlt? Ein Erkennen von Zusammenhängen, das Unsicherheit und bohrende Fragen in Ihnen zurückgelassen hat, von denen Sie spüren, daß Sie eine Antwort darauf finden sollten?
Ein fiktives Beispiel: Sie haben angefangen, sich zu fragen, ob Ihre im Berufsalltag stets sehr rasch ermüdenden und dann fehlsichtigen Augen vielleicht auf einen Vorgesetzen reagieren, der Sie an Ihren Vater erinnert. Sie kommen zwar zurecht mit Ihrem Vater, möchten aber niemals mit ihm arbeiten, weil Sie seinen viel zu perfektionistischen Anspruch fürchten? Setzen Sie sich das Ziel, diesen Menschen »mit anderen Augen zu sehen«, die Schablone, die Sie ihm übergestülpt haben, aufzulösen. Notieren Sie, wie sich Ihr Empfinden, Ihre Form der Zusammenarbeit und der Zustand Ihrer Augen verändern.
Jeder Fortschritt in der Verbesserung Ihres Sehvermögens gehört grundsätzlich in das Augen-Tagebuch, schon allein deshalb, weil er sich dadurch, daß Sie ihn aufschreiben, »positiv verstärkt«. Der Übende fühlt sich prompt beflügelt. So wird sich der Kurzsichtige über einen halben Meter Abstand freuen, um den er seinen Sessel mittlerweile weiter von der Mattscheibe entfernen konnte, und der Weitsichtige konstatiert, daß er an einer wachsenden Zahl von Tagen seine Zeitung ohne Brille lesen konnte.

Bitte nicht zum Schreiben »zwingen«

Wenn Sie, liebe Leserin oder lieber Leser, ein Mensch sind, der diszipliniert und unbeirrbar seine Übungen durchführt, wenn er sich einmal für ein Trainingsprogramm entschieden hat, dann ist es sicher keine Schwierigkeit für Sie, regelmäßige Eintragungen in ein Augen-Tagebuch als Programmpunkt einzubeziehen. Aber bitte auch hieraus nicht mit zusammengebissenen Zähnen eine seelische Leistungsschau machen. Je freier Sie werden, desto eher werden Sie sich gestatten zu sagen: »Heute mag ich nicht ...«

Der Mensch ist, was er ißt

Hier geht es wiederum um einen so häufig zitierten Allgemeinplatz wie »Der Weg ist das Ziel«. Es sagt sich leicht dahin, »Der Mensch ist, was er ißt«, und es klingt nach Verständigkeit dessen, der es ausspricht. Aber merkwürdigerweise bedeutet für jeden das mittlerweile schon modische Schlagwort »Gesund essen« etwas anderes.

Gesund essen – aber wie?

Auf kaum einem Gebiet gehen die Meinungen so kunterbunt durcheinander, wie auf dem der Ernährung. Selbst hoch gerühmte Wissenschaftler dieses Faches müssen auf Teilgebieten, sehr vielen Teilgebieten, immer noch die Waffen strecken. Was der Mensch in seinem Körper aus dem macht, was er ißt, das ist bisher nur in groben Zügen erforscht. Zu viele Faktoren spielen hier zusammen. Dem einen bekommt ausgeklügelte vitaminreiche, kohlenhydratarme, angeblich leicht verdauliche Kost nicht, weil Frau Sorge den Mantel um ihn geschlagen hat und dafür »sorgt«, daß die Säfte seines Magens die aufgenommenen Stoffe auf feinste Weise chemisch zu ihrem Nachteil verändern. Der andere verzehrt in einer Grundhaltung von Lebensfreude und Dankbarkeit ein ganz und gar nicht schulgerechtes Mahl, und es bekommt ihm vorzüglich.

Was Sie wissen sollten

Einige beherzigenswerte Punkte dürfen jedoch als weitgehend gesichert angesehen werden:

- Zur ständigen Regeneration (Aufbaustoffwechsel) brauchen Augen Vitamine, beispielsweise Vitamin A gegen Nachtblindheit, Vitamin B bei großer Empfindlichkeit gegen Sonnenlicht, Vitamin D, wenn der Körper zu wenig Sonne erhält. Vitamin C und E sorgen für gute Blutzufuhr zu den Augen. Augenfreundliche Vitamine sind enthalten in Petersilie, Karotten, Blaubeeren, schwarzen Johannisbeeren und anderen dunklen Früchten. Wichtig ist es, einen gleichmäßigen Vitaminpegel zu erhalten. Sich gelegentlich mit Vitaminen vollzustopfen, ist sinnlos. Sie werden vom Körper weitgehend ungenutzt wieder ausgeschieden.

Wählen Sie sorgfältig aus

- Die Freihaltung des Auges von Schlacken (Abbaustoffwechsel), die seine Funktion beeinträchtigen oder sogar lahmlegen können, gelingt am besten mit einem Speiseplan, in dem viele Nahrungsmittel ent-

So entstehen Schlacken im Körper

halten sind, die basisch »verstoffwechseln«. Nahrung, die sauer »verstoffwechselt« wird, und darunter fällt ein großer Teil unserer heutigen, nicht mehr natürlichen Nahrungsmittel, bewirkt die Verschlackung der Zellen. Sie ist es, die spätestens nach dem 40. Lebensjahr dafür sorgt, daß die Trockensubstanz der Augenlinsen langsam auf das Doppelte ansteigt, und daß die Abflußgänge für die bereits eingedickten Flüssigkeiten nicht mehr durchgängig bleiben. Im einen Fall ist der Graue, im anderen der Grüne Star die Folge.

Deutliche basische Wirkungen im Stoffwechsel haben zum Beispiel folgende Lebensmittel: Karotten, Kohlrabi, die Kerne weißer Bohnen, Oliven, Schwarzer Rettich, Rote Rüben, Radieschen, Romanasalat, Weiße Steckrüben, Selleriewurzel, Spinat, Kichererbsen, Brombeeren und Ananas, Kirschen und Pflaumen, Datteln, getrocknete Äpfel und Birnen. Fleisch, Fisch, einige Käsesorten und Hühnereigelb bewirken saure Reaktionen im Stoffwechsel. Dinkel ist das einzige Getreide, das in jeder Form basisch verstoffwechselt wird. Backwaren aus ausgemahlenem Weizenmehl enthalten keinerlei Werte für den Stoffwechsel. Vollkornbrote mit Sauerteig sind besser bekömmlich als Hefeteigbrote, die stärker säuern. Sauerteig ist hilfreich bei der Fermentierung. Süßes, vor allem, wenn weißer Industriezucker beteiligt ist, reagiert stark säuernd.

Entschlacken und entgiften

• Entschlackung als Vorbereitung für eine Nahrungsumstellung und zur Aufrechterhaltung der basischen Grundstimmung des Stoffwechsels ist möglich über eine mineralische Entsäuerungskur, die man sich in Apotheken mit Schwergewicht auf Naturheilkunde zusammenstellen lassen kann, sowie durch Entgiftung mit Hilfe von Tees, die kurartig oder in regelmäßigen Abständen (etwa einmal in der Woche) das ganze Jahr über getrunken werden.

Regt den Stoffwechsel an

Den Stoffwechsel anregende und damit die Entschlackung vorantreibende Teepflanzen sind die Birke, die weiße Taubnessel, der Borretsch, die Wegwarte, das Echte Eisenkraut, die Gemeine Schafgarbe und die Blätter der Walderdbeere und der Waldhimbeere. Die Tees samt Zubereitungsvorschriften sind im Fachhandel erhältlich. Bei einem momentanen Gefühl von Übersäuerung hilft die Einnahme von Natronsalz (Apotheke). Basisch verstoffwechselt wird der Ansatz des Tee- oder Kombuchapilzes, der angenehm säuerlich schmeckt. Man kann den »Teepilz« samt Zubereitungsanweisung in Reformhäusern erwerben und selbst den Ansatz machen oder auch das fertige Getränk kaufen. Über mindestens ein Jahr sollte täglich ein Glas Teepilzansatz pur oder mit Wasser verdünnt getrunken werden. Ähnlich anregend auf den Stoffwechsel wirkt der mineralstoffreiche »Brottrunk«, der durch milchsaure Vergärung von Schwarzbrot gewonnen wird. Er ist ebenfalls in Reformhäusern zu haben, aber auch in Bäckereien, die auf biologische Angebote umgestellt haben. Ein kleines Glas voll pro Tag genügt.

Gemüse und Früchte

• Die regelmäßige Einbeziehung bestimmter Pflanzen oder Früchte in den Speiseplan hilft mit, dem Körper Abbau- und Aufbaustoffwechsel zu erleichtern. Frische Blätter von Petersilie, Spitzwegerich und Borretsch, mit etwas Wasser im Mixer zum »grünen Saft« verarbeitet, wirken verbessernd auf den Zustand von Gehirn, Augen und Nerven. Etwas Knoblauch in selbst hergestelltem Saft aus rohen Gemüsen (Gelbe Rüben, Selleriestange, Paprika) und eine Stange rohen Spargel, mit in den Entsafter gegeben, wirken als Reinigungsmittel wahre Wunder. Ein solcher Cocktail sollte einmal in der Woche getrunken werden. Sanddornsaft unterstützt den Zellstoffwechsel im Gehirn. Rohe Frühjahrszwiebeln wirken auf die Gehirnpartien, die mit den Augen in engster Verbindung stehen. Roh gegessene Gemüse wirken im Verdauungstrakt völlig anders als der Saftauszug. Es werden jeweils unterschiedliche Stoffe an den Blutkreislauf abgegeben. Säfte und Rohkostsalate sollten sich also abwechseln.

Makrobiotische Ernährung

• Die Angaben über basische Wirkungen von Lebensmitteln decken sich mit den Daten, die der makrobiotischen Kost zugrunde liegen. Die »Makrobiotiker« stützen sich auf alte medizinische Lehren aus Asien, nach denen Lebensmittel sich in »yin« und »yang« einteilen lassen. Yin bedeutet saure und yang bedeutet basische Reaktion. Schweinefleisch ist »yin«, dunkles Rindfleisch tendiert eher in Richtung »yang«. 1920 bereits prophezeite ein amerikanischer Fachjournalist den »Säuretod der Kulturmenschheit«. Der saure Regen und die Übersäuerung des Bodens, an denen unendlich viele Pflanzenarten sterben, ist in unserem Denken mittlerweile Allgemeingut geworden.

Nicht einseitig ernähren

• Körnernahrung und Rohkost allein bringen nicht zwangsläufig Gesundheit. Beides sollte nur in kleinen Mengen, neben anderer, vielseitiger Kost, verzehrt werden, da es sonst säuert und die Aufnahme wichtiger Feinstbestandteile durch die Darmwände vermindert. Rohkost immer vor warmen, gekochten Speisen essen, nie danach, da sonst die Säuerung gefördert wird.
• Wohltätige Stoffe können vom Körper nur aufgenommen werden, wenn die Fermentierung gut abläuft. Also langsam kauen, gut einspeicheln, Hilfestellung bei der Fermentierungsarbeit geben. Geeignet sind kleine Gaben Sauerkrautsaft, gesäuerte Milchprodukte mit rechtsdrehenden Milchsäurearten oder ein Glas Wasser mit einem Löffel Apfelessig und etwas Honig. Salate mit nur bestem Weinessig anmachen oder auch ein Glas leichten Weißwein zur abendlichen Mahlzeit trinken. Das hilft bei der Verdauungsarbeit in der Nacht.
• Aufenthalt in frischer Luft ist immens wichtig. Ein großer Teil der Stoffwechselarbeit im menschlichen Körper muß von Symbionten, winzigen Bakterien, getan werden, die zum Teil von außen, durch die Atemluft und über die Haut, aufgenommen werden. Einige Symbionten helfen speziell bei den Regenerierungsvorgängen im Auge.

Über Nikotin und Alkohol

• Rauchen sollte, wegen der die Durchblutung behindernden Gefäßverengung auch in den Augen, unterlassen werden. Wegen komplexer Nachwirkungen auf Augen und Augenumfeld ist exzessiver Alkoholkonsum ebenfalls schädlich für Ihre Augen.
• Der Mensch ist, was er ißt: Was er in gelassener Gemütslage und in Dankbarkeit für die Gaben, die seinem Körper Gutes zuführen, verzehrt, wird zu seinem Wohle und Wohlbefinden ausschlagen.
• Während Sie eine Reinigungskur für Ihren Körper machen, sollten Sie überlegen, ob nicht auch Ihr Haus oder Ihre Wohnung eine »Entschlackung« vertragen könnten. Haben Sie nicht zuviel angesammelt, das nun Ihren Blick verstellt und Ihre Bewegungsfreiheit einengt?
Ein »aufgeräumter Mensch«, diesen Ausdruck findet man gelegentlich in älterer Literatur, ist einer, der in sich und um sich den Überblick behält. Ein Ordnungsfanatiker ist er jedoch ebensowenig wie ein Chaot, der Gehenlassen mit Freiheit verwechselt. Suchen Sie den guten, klaren Mittelweg, Ihre Augen werden es Ihnen danken.

Hilfen für den Umgang mit dem Computer

Das Rad der Zeit läßt sich nicht zurückdrehen. Mit dem Auto müssen wir leben, obwohl wir inzwischen wissen, daß seine Herstellung, seine Reparatur und sein Betrieb die unterschiedlichsten negativen Auswirkungen auf die Umwelt haben. Ganz davon zu schweigen, daß wir noch immer nicht damit umgehen können, was Abertausende Verletzte und Tote auf den Straßen beweisen. Ebenso müssen wir mit dem Computer leben, dessen Herstellung wie Nutzung gleichfalls auf verschiedenen Ebenen negativ zu Buche schlagen. Ein Wirtschaftsleben ohne die schnellen Denker ist jedoch nicht mehr vorstellbar.

Neuartige Augenbeschwerden

Vermutlich gibt es keinen Augenarzt, der nicht schon festgestellt hätte, daß vor allem ältere Arbeitnehmer, die viel am Terminal arbeiten müssen, mit neuartigen Augenbeschwerden zur Behandlung kommen. Die Augen sind gerötet, oft sogar die Lider entzündet. Geklagt wird darüber, daß die Lider sich schwer anfühlen, nicht offen bleiben wollen. »Ich will das nicht mehr sehen«, sagt der Mensch, und folglich sagt das Auge: »Ich kann das nicht mehr sehen.« Damit wird möglicherweise der Beginn einer depressiven Verstimmung angezeigt, die rechtzeitig abgefangen werden sollte. Dem psychosomatisch arbeitenden Arzt wird zudem immer stärker offenbar, daß sich ein Teil der klassischen Augenkrankheiten, die er diagnostiziert, nicht mehr nur allein auf persönliche Schwierigkeiten des Patienten zurückführen läßt, sondern inzwischen auch auf eine nicht bewältigte Beziehung zwischen Mensch und Computer.

Die Einstellung überdenken!

Nicht »das Ding an sich«, der elektronische Kollege, macht krank. Es geht vielmehr darum, die Grundhaltung des Einzelnen zu diesem Danaergeschenk zu verbessern, da es nun einmal von den Arbeitsplätzen nicht mehr wegzudenken ist. Häufig bleibt der Widerstand sogar verdeckt, denn wer mag schon gerne zugeben, daß ihm dieses moderne Hilfsinstrument Angst einflößt. Es ist vor allem Angst vor dem Versagen, weil das Gerät so unendlich viel mehr kann, als der »Operator«, der vor ihm sitzt und mit ansehen muß, wie ihm auf dem Bildschirm beim geringsten Versehen oder Vertippen ein »Ich kann Ihren Auftrag nicht ausführen« entgegengehalten wird. Oder es passiert gar, daß »das System abstürzt«, wie bereits allgemein die Formulierung lautet, und die bis dahin getane Arbeit verloren ist.

Lacht es sich ins Fäustchen, dies Gegenüber aus Plastik, Blech, Glas und Mikrochips? Sitzt da einer, der das Recht hat, sich als ein »Ich« zu empfinden, der das Recht hat, immer Recht zu haben? Der eine resigniert vor dieser Übermacht, der andere verbringt Tage und Nächte damit, diese Nuß zu knacken. Die Sucht ist vorprogrammiert.

Eine andere Ursache für Schwierigkeiten ist physiologischer Art.

Bildschirm, Augen und Gehirn

Der Bildschirm ist zweidimensional, obwohl sein Flimmern uns Tiefe suggeriert. Unsere Augen starren immer auf die gleiche, zudem noch aufrecht stehende Ebene. Anders als bei der traditionellen Schreibtischarbeit mit Papier liegt diese Ebene auch noch meist in Augenhöhe. Wir sehen Zeichen und Buchstaben, haben es also mit einem analytisch aufgebauten Bild zu tun, das unsere linke Hirnhälfte zu bearbeiten hat. Die schnelle Bewegung der Zeilen beim Suchen sowie geometrisch-räumliche Abläufe, etwa bei Design-Programmen, fordern unsere rechte Hirnhälfte. Hier wird also ein außerordentlich schwieriges Zusammenspiel gefordert, für das der Mensch nicht sehr gut gerüstet ist.

Verspannung, Erschöpfung

Schließlich kommen noch die steife Haltung der Nacken- und Brustwirbelsäule beim Sitzen vor dieser aufrecht stehenden Ebene hinzu sowie gelegentlich eine seitliche Drehung des Kopfes, wenn der Arbeitsplatz ungünstig aufgebaut ist. Verkrampfungen sind die Folge. Eine bisher nicht gekannte Form von Kopf-, Nacken- und Augenhintergrundschmerzen, gepaart mit einem starken seelischen Erschöpfungsgefühl, stellen sich bei vielen Menschen nach langen Arbeitstagen am PC ein.

Inneren Abstand wahren!

Was kann geraten werden? Inneren Abstand halten. Der elektronische Wunderkasten kann nun einmal mehr. Na und? Das liegt in seiner Natur. Dafür kann er auch nichts anderes, als ja oder nein sagen. Vor und in Ihnen, dem Menschen, der ihn mit Knopfdruck »zum Leben erweckt«, liegt dagegen die unendliche, vielfarbige Fülle des Lebens. Eine Untersuchungsreihe hat ergeben, daß der dem Computer verfallene Operator in seiner Mentalität verarmt. Auch er kann nur noch ja oder nein sagen. Entsprechend problematisch wird sein persönliches Leben. Schwierigkeiten mit Partnern oder Kindern können dann vielleicht nur noch »schwarz oder weiß«, gelöst werden. Also muß die wichtigste Regel lauten: Achtsam sein, ein Mensch bleiben und das Gerät vergessen, das man bei Arbeitsschluß am Schreibtisch zurückläßt. Wer Lust hat, in seiner Freizeit am Rechner zu knobeln, mag es tun. Benutzt er das Gerät nicht als Fluchthilfe vor sich selbst und einer vielleicht nicht bewältigten Umweltbeziehung, wird seinen Augen kaum Schaden zugefügt werden. Welche seelischen und körperlichen Reaktionen bei den Computer-Freaks der jungen Generation einst zu vermerken sein werden, wird die Zukunft zeigen. Sie sollten auch tunlichst Pausen machen im Umgang mit dem interessanten Spielkameraden und ihren Augen ein Kontrastprogramm, etwa Sport im Freien, gönnen.

Achtsam bleiben!

Anstrengend ist Arbeit am Computer immer, selbst wenn man locker daran sitzt, deshalb sind kleine hilfreiche Übungen und Tricks angebracht.

Pausen machen!

• Schalten Sie Pausen ein. Lassen Sie sich nicht verführen, aus reiner Sturheit über den Ermüdungspunkt hinaus weiterzumachen. Kollege Computer ermüdet nie, Sie können ihn nicht übertrumpfen. Palmieren Sie so oft wie möglich, mindestens alle eineinhalb bis zwei Stunden (⟶ Seite59).

Immer wieder: Spannungen abbauen!

• Eine Atemübung, die sich lösend auf die während der Arbeit aufgebauten Spannungsfelder zwischen Augen und Gehirn auswirkt (vorausgesetzt, daß Sie allein im Raum oder abgeschirmt von den Blicken anderer Ihren Platz haben): Nehmen Sie die »einfache Meditationshaltung« ein (⟶ Seite 38), und lassen Sie den Atem fließen. Sobald das Spannungsgefühl sich zu lösen beginnt und die vibrierenden Bilder vor Ihrem inneren Auge nachlassen, »spielen« Sie mit dem Atem. Beim Einatmen stellen Sie sich vor, Ihr Atem wandere in Ihren Kopf und bewege sich sanft um Ihre Augen. Beim Ausatmen geben Sie in Ihrer Vorstellung dem Atem Verbrauchtes mit. Bleiben Sie einige Male jeweils bei einem Auge und dann wieder bei beiden Augen. Wenn Sie mögen, können Sie als »Mantra« oder »Affirmation« (⟶ Seite 41) »Erholung für die Augen« oder »Durchblutung der Augen« als mentale Verstärkung benutzen.

• Eine Augenübung, die Sie unbehelligt von möglichen neugierigen Blicken der Kollegen ausführen können: Objekt der Übung ist ein

Täglich mehrmals üben!

Blumenstrauß oder ein blühender Blumenstock, die Sie, schon um Ihrem Computer ein Stück strotzendes Leben entgegenzusetzen, stets in Ihrem engeren Sichtkreis stehen haben sollten. In entspannter Haltung sitzend, während der Atem fließt, lassen Sie Ihren Blick sanft über die Blütenpracht als Ganzes wandern. Tasten Sie das ganze bunte Bild langsam mit den Augen ab. Dann suchen Sie sich eine einzelne Blüte aus, folgen mit den Augen ihren Farbschattierungen, den Formen der Staubgefäße oder anderen Charakteristika. Die Augen blicken gelassen und leicht, der Lidschlag ist entspannt. Sie registrieren, ohne zu werten, was Sie scharf sehen können und was nicht. Palmieren Sie abschließend. Taucht zu Beginn des Palmierens ein Nachbild vor Ihrem inneren Auge auf, lassen Sie es deutlich werden und geben dann langsam der Dunkelheit hinter Ihren Handflächen und den geschlossenen Lidern Raum.

Die Arbeitsbrille hilft auch

• Ein simpler Trick zuletzt: Arbeiten Sie, wenn Sie Brillenträger sind, am Computer mit einer bestimmten Brille, die Sie immer an Ihrem Platz lassen. Damit schaffen Sie sozusagen symbolisch Abstand. Der Mensch, der sich der Umwelt zuwendet, ist dann ein anderer als jener, der an Tastatur und Terminal seine Arbeit tut. Bei Dienstschluß wird die Brille abgelegt und mit ihr der computerbezogene Streß.

GU Gesundheits-Ratgeber »Ganzheitlich leben«

Klausbernd Vollmar
Chakren
Lebenskraft und Lebensfreude aus der eigenen Mitte. Übungen zur Aktivierung der Energiezentren des Körpers.
80 Seiten mit Fotos, Paperback.

Dr. med. Almuth Huth
Dr. med. Werner Huth
Meditation
Begegnung mit der eigenen Mitte. Einführung und Anleitung.
80 Seiten mit Fotos, Paperback.

Dr. med. Wolfgang Schultz-Zehden
Sehen – Ganzheitliches Augentraining
Sehkraft erhalten, Wahrnehmungsfähigkeit verbessern.
80 Seiten mit Fotos, Paperback.

Anna Triebel-Thome
Feldenkrais
Bewegung – ein Weg zum Selbst. Einführung in die Methode.
80 Seiten mit Fotos, Paperback.

Elena Cardas
Atmen – Lebenskraft befreien
Spannungen abbauen, Lebensgefühl steigern, körperliche und seelische Kraft freisetzen, sich selbst erfahren.
80 Seiten mit Fotos, Paperback.

Chungliang Al Huang
Tai Ji
In der Bewegung zu Harmonie und Lebensfreude finden. Einführung und Anleitung,
80 Seiten mit Fotos, Paperback.

GU Gräfe und Unzer

Zum Nachschlagen

Sachregister

Bücher und Adressen, die weiterhelfen

Cardas, Elena: *Atmen – Lebenskraft befreien.* Gräfe und Unzer Verlag, München 1989
Das Ingrid-Früchtel Vollkorn-Backbuch. Das Ingrid-Früchtel Vollkorn-Kochbuch. Gräfe und Unzer Verlag, München 1985
Feldenkrais, Moshé: *Bewußtheit durch Bewegung.* Suhrkamp Verlag, Frankfurt 1978
Gairing, Mechthilde: *Streß im Alltag bewältigen.* Gräfe und Unzer Verlag, München 1989
Groddeck, G: *Psychoanalytische Schriften zur Psychosomatik. Vom Sehen, von der Welt und dem Sehen ohne Augen.* Limes, Wiesbaden 1966
Huang, Chungliang Al: *Tai Ji. In der Bewegung zu Harmonie und Lebensfreude finden.* Gräfe und Unzer Verlag, München 1988
Huth, Dr. med. Almuth, Huth Dr. med. Werner: *Meditation. Begegnung mit der eigenen Mitte.* Gräfe und Unzer Verlag, München 1988
Huxley, Aldous: *Die Kunst des Sehens. Was wir für unsere Augen tun können.* Verlag Piper, München 1987
Kirch, Dr. med. Karl M.: *Wie neugeboren durch Sauna.* Gräfe und Unzer Verlag, München 1986
Langen, Dr. med. Dietrich: *Autogenes Training für jeden.* Gräfe und Unzer Verlag, München 1981
Leuner, H.-K.: *Katathymes Bilderleben.* Thieme Verlag, Stuttgart 1970
Lowen, Alexander: *Bioenergetik.* Rowohlt Verlag, Hamburg 1988
Pelletier, Kenneth R.: *Unser Wissen vom Bewußtsein.* Rowohlt Verlag, Hamburg 1988
Schipperges, H.: *Welt des Auges – Zur Theorie des Sehens und die Kunst des Schauens.* Herder Verlag, Freiburg 1978
Triebel-Thome, Anna: *Feldenkrais. Bewegung – ein Weg zum Selbst.* Gräfe und Unzer Verlag, München 1989
Uexküll, Th. v. (Hrsg.): *Lehrbuch der psychosomatischen Medizin,* 2. Auflage. Urban-Schwarzenberg-Verlag, München 1983
Vollmar, Klausbernd: *Chakren. Lebenskraft und Lebensfreude aus der eigenen Mitte.* Gräfe und Unzer Verlag, München 1989
Wagner, Dr. Franz: *Akupressur leicht gemacht.* Gräfe und Unzer Verlag, München 1985
Wagner, Dr. Franz: *Reflexzonen-Massage für jeden.* Gräfe und Unzer Verlag, München 1987
Yoga für alle Lebensstufen - in Bildern. Herausgegeben vom Sivananda Yoga Zentrum. Gräfe und Unzer Verlag, München 1985

Adressen von psychosomatisch arbeitenden Augenärzten erhalten Sie über:
Arbeitskreis für angewandte Psychosomatik, Badstraße 67, 1000 Berlin 65